Andreas Schlüter · Jagd im Internet

Andreas Schlüter

Jagd im Internet

Über den Autor:
Andreas Schlüter (geb. 1958) leitete mehrere Jahre Kinder- und Jugendgruppen in Hamburg. Seit 1990 arbeitet er als freischaffender Journalist und Redakteur.
1993 erschienen seine ersten kriminalistischen Kurzgeschichten.
Bisher erschienen:
»Level 4 – Die Stadt der Kinder«,
»Der Ring der Gedanken«,
»Achtung, Zeitfalle!«,
außerdem die Krimireihe
»Kurierdienst Rattenzahn: Die Rollschuhräuber«,
»Ein Teufelsbraten«.

© Altberliner Verlag GmbH, Berlin · München 1997
Nach der neuen Rechtschreibung
Alle Rechte vorbehalten
Illustrationen: Karoline Kehr
Druck & Buchbindearbeiten: Clausen & Bosse, Leck
Printed in Germany 1997
ISBN 3-357-00754-1
Altberliner im Internet: http://www.altberliner.de

Ferien! Ferien?

Ben war stocksauer! Noch im Frühjahr hatte er mit seiner Mutter vereinbart ihren gemeinsamen Urlaub an einem feinsandigen Strand im sonnigen Süden zu verbringen, doch damit war's Essig! Wenige Tage vor Beginn der großen Ferien kam seine Mutter mit dem Hammer des Jahres: Sie musste auf Geschäftsreise! Befehl vom Chef, unaufschiebbar, ausgerechnet jetzt, wo Ben mit ihr Urlaub machen wollte. Bens Mutter war todtraurig, aber vollkommen machtlos. Die Ferienfahrt wurde auf unbestimmte Zeit verschoben. Für die ersten drei Wochen der großen Ferien hatte sie bereits geregelt, dass Ben einen besonders beschaulichen Urlaub verbringen würde. Bei Großvater. »Insel-Opa«, wie er seit Bens Babyzeit in der Familie genannt wurde. Denn »Insel-Opa« wohnte auf Langeneß.

Langeneß, das war genau so unbekannt und trostlos wie es sich anhörte. Exakt ausgedrückt: eine Hallig. Also eine Mini-Insel in der Nordsee, südöstlich von Föhr gelegen, schlappe 11 Quadratkilometer groß und von 130 Einwohnern bewohnt, in Worten: einhundertdreißig! Bens Schule beherbergte fünfmal so viele Schüler wie diese Insel Einwohner hatte.

Langeneß! Das Fleckchen Erde war so spannend wie ein Wartesaal, so belebt wie ein Leichenschauhaus und so lustig wie ein Kammerkonzert auf 3 SAT. Langeneß, das waren Ferien zum Abgewöhnen! Schon seit Tagen war Ben vergrätzt wegen des vermasselten Urlaubs.

Für Miriam war die feierliche Bekanntmachung des diesjährigen Urlaubsortes durch ihre Eltern keine Überraschung gewesen. Nicht, weil sie vorher gefragt worden wäre. Das wurde sie ebenso wenig wie die meisten Kinder, wenn ihre Eltern ihren Jahresurlaub planten. Sondern weil die Familie jedes Jahr an den selben Ort fuhr. Wie in den vergangenen fünf Jahren lautete demnach auch diesmal das Reiseziel: Mallorca, Playa de Muro in der Bucht von Alcudia! (http://www.bitel.es/alcudia.mallorca)

Doch etwas war neu in diesem Jahr. Was heißt neu? Es war eine Sensation! Ein Knüller! In etwa so außergewöhnlich wie die Möglichkeit DJ Bobo an der Aldi-Kasse zu treffen. Na ja, jedenfalls beinahe. Genau genommen waren es sogar zwei Sensationen. Die erste: Miriam fuhr nicht allein mit ihren Eltern in den Urlaub, sondern ihre beste Freundin Jennifer kam mit! Und die zweite Sensation: beide durften allein auf dem Campingplatz wohnen, der nur wenige Hundert Meter von dem Hotel entfernt war, in dem Miriams Eltern Stammgäste waren!

Die beiden Mädchen juchzten, lachten, umarmten sich und tanzten ausgelassen über den Schulhof. Denn soeben hatte Miriam Jennifer in einem Prospekt das Zelt gezeigt, das ihre Eltern eigens für diesen Urlaub gekauft hatten. Es war ein wunderschönes, grellgrünes Iglu-Zelt mit einem kleinen Vordach und Ausgängen zu beiden Seiten.

Als Ben den Grund für die übermütige Freude der Mädchen erfuhr, ließ er missmutig den Kopf hängen. Nicht nur, dass er selbst gern an Miriams Stelle mit Jennifer zusammen verreist wäre. Jennifer und Miriam fuhren auch in den ersten drei Wochen der Sommerferien nach Mallorca. Sollte es nach Bens Langeneß-Langeweile doch noch zu einem Urlaub mit seiner Mutter kommen, bedeutete dies, dass er und seine Jennifer sich sechs Wochen lang nicht sehen würden. Ben hätte nichts dagegen gehabt, wenn plötzlich jemand gekommen wäre und verkündet hätte, dass in diesem Jahr die großen Freien ausfielen — wegen Nebel oder so.

»Ben!« Jemand rief von weitem seinen Namen. Ben drehte sich um und erkannte Frank, der laut rufend, mit den Armen fuchtelnd über den Schulhof peste. Dass Frank wie ein Irrer durch die Gegend rannte, war nichts Besonderes. Der Sportfanatiker nutzte jede Gelegenheit um mal einen kleinen Sprint einzulegen und seine Sprungkraft auszuprobieren. Aber dass er wild gestikulierend über den Platz brüllte, das war selbst für Bens besten Freund ungewöhnlich. Ben erkannte sofort: Frank hatte etwas Wichtiges mitzuteilen.

Weil Ben und Frank eigentlich niemals etwas voreinander verheimlichten, wusste Frank natürlich von Bens diesjährigem Feriendrama und so kam er sofort zur Sache. »Dein Urlaub ist gerettet!«, behauptete er.

Ben staunte Frank an. Aber nicht wegen der Nachricht, die er überbracht hatte. Die glaubte er ohnehin nicht. Er staunte, dass Frank selbst nach diesem Spurt nicht einmal hechelte. Ben selbst hätte nach einem solchen Sprint vermutlich eine künstliche Beatmung benötigt.

Frank blickte Ben entgeistert ins Gesicht. »Hast du mich nicht verstanden?«, fragte er besorgt nach.

Ben verzog nur kurz einen Mundwinkel.

»Dein Urlaub ist gerettet«, setzte Frank nach.

»Gerettet?«, grummelte Ben in sich hinein. Der Urlaub war nicht zu retten. Genervt winkte er ab.

Jennifer streichelte ihrem Freund zärtlich durchs Haar. »Hör doch erst mal zu«, schlug sie vor.

Frank nickte ihr dankbar zu. »Ich weiß nämlich, was du auf deine Reise mitnehmen wirst!«

»Ja«, maulte Ben. »Das weiß meine Mutter auch. Die hat nämlich schon eine Liste geschrieben. Da steht alles drauf. Vor allem eine Regenjacke und Gummistiefel! Auf Langeneß ist nämlich immer spitzenmäßiges Wetter!«

Frank klatschte verzweifelt seine Hand vor die Stirn. »Halt doch mal den Mund!«, stöhnte er. »Und hör zu! Du wirst auf die Fahrt nämlich einen Computer mitnehmen!«

Bens Gesicht hellte sich ein wenig auf. Er wollte es gar nicht, aber er konnte nichts dagegen tun. Beim Wort Computer hellte sich sein Gesicht immer auf. Denn Ben war der begeistertste Computerfreak, den Frank, Jennifer und Miriam jemals gesehen hatten. Sein Zimmer daheim glich einer Elektronikwerkstatt und sein Bücherbord war das wohl umfangreichste Archiv von Computerzeitschriften, das man sich denken konnte — sofern die Zeitschriften mal im Bücherbord lagen.

»Und zwar nicht irgendeinen Computer«, fuhr Frank fort, »sondern ...« Statt weiter zu reden, kramte er einen Zettel aus seiner Sporthose hervor. Diese eigenartigen technischen Bezeichnungen konnte und wollte er sich nicht merken. Und bevor er sie stümperhaft vorlas, konnte sein Freund es schließlich selbst lesen. Und während Ben das tat, wurden dessen Augen immer größer, sein Gesicht immer fröhlicher und sein Mund stand immer weiter offen.

Jennifer lächelte und gab Miriam einen heimlichen Stups. Sie spürte: Bens Feriendesaster nahm gerade eine hoffnungsvolle Wende.

»Das ist der leistungsfähigste Laptop, der zur Zeit auf dem Markt zu haben ist!«, strahlte Ben.

Frank nickte. »Das hat mein Vater auch gesagt.«

Franks Vater arbeitete bei einer großen Computerfirma. Schon oft hatte Ben dadurch neue Software oder Spiele bekommen. Denn Frank interessierte sich zum Leidwesen seines Vaters kaum für Technik, sondern nur für Sport. Diesmal aber war es Frank nicht gelungen, sich seinen Vater mitsamt seiner Computertechnik vom Hals zu halten. Die Ferien standen vor der Tür, sein Vater hatte die Verantwortung für ein neues, ungeheuer wichtiges Projekt übernommen und da musste auch Frank mit ran.

Das Projekt:

In den USA gab es schon seit einigen Jahren eine Reihe von Schülern, die keine Schule mehr besuchten, jedenfalls keine reale mit Gebäuden und Klassenräumen und Schultor und Hausmeister, sondern nur eine virtuelle. Die Schüler lernten zu Hause vom Computer aus. Sie waren also sowohl mit dem Lehrer als auch mit vielen anderen Schülern vernetzt. Ein solches Projekt sollte jetzt auch in Deutschland gestartet werden. Franks Vater leitete das Projekt im Namen der Computerfirma, die sich bei einem Erfolg des Versuches natürlich enorme Aufträge zur Entwicklung der Schulsoftware versprach.

⇩

9

Außerdem waren noch einige Lehrer beteiligt und über das Ganze wachte das Bundesbildungsministerium. Wohl deshalb fand dieses Projekt auch nicht während der Schulzeit statt, wie es sinnvoll gewesen wäre, sondern erst einmal in den ersten beiden Wochen der großen Ferien. Es sollte auf keinen Fall herkömmlicher Unterricht dafür ausfallen. Deshalb nahmen auch nur diejenigen Bundesländer an dem Projekt teil, die zu diesem Zeitpunkt schon Ferien hatten. So hatte es das Bildungsministerium geschafft, den eigentlichen Sinn der Computervernetzung, die sekundenschnelle *weltweite* Kommunikation, auf das piefige, lokale Maß des Nachbarschaftsgespräches zurecht zu stutzen. Trotzdem: Franks Vater maß dem Ganzen gehöriges Gewicht bei und Frank war der Leidtragende. Er nämlich wurde von seinem Vater dazu verdonnert, bei diesem Projekt mitzumachen.

Ben sah seinem Freund kritisch in die Augen. Er begann zu begreifen. »Das Zweite, was ich neben diesem Supercomputer mit in den Urlaub nehme, bist dann sicherlich du?«, vermutete er.

Frank nickte verblüfft. »Woher weißt du das?«

Ben grinste ihn schelmisch an. Er hatte seinen Freund durchschaut. Es ging nicht vor allem um die Rettung von Bens Ferien, wie Frank großspurig versprochen hatte, sondern das Schlitzohr Frank wollte sich um die Aufgabe drücken dieses Pilotprojekt mitzumachen und es statt dessen Ben in die Schuhe schieben. Dafür war er sogar bereit mit nach Langeneß zu fahren. Denn für Frank wurde selbst eine öde Hallig nicht langweilig, solange er die Möglichkeit sah für die Leichtathletik-Meisterschaft der Junioren, die im Herbst stattfand, zu trainieren.

»Okay«, gab Frank zu. »Du hast es kapiert. Aber wir haben doch beide etwas davon: Ich kann trainieren, du hast einen deiner geliebten Computer dabei und bist nicht mutterseelenallein auf dieser dämlichen Insel!«

Ben lachte. Frank hatte Recht. Sein Vorschlag war allemal besser als die Ferien mit seinem Großvater allein zu verbringen, auch wenn er dafür einige Stunden am Tag Unterricht hatte. Schulunterricht im Computernetz.

»Geritzt!«, sagte Ben und schlug in Franks Hand ein. »Die Ferien sind zumindest erheblich verbessert!«

Jennifer drückte Frank einen dicken Kuss auf die Wange, dann hakte sie sich bei Ben unter. Alle vier schlenderten nun zum Klassenraum, denn es hatte zur ersten Stunde geläutet. Auf dem Programm stand Erdkunde, Thema Asien. Einziges Gesprächsthema für Frank und Ben auf der einen und Miriam und Jennifer auf der anderen Seite aber waren ganz andere Gegenden auf der Landkarte: Mallorca hieß die eine und Langeneß die andere.

12

Das Millionending

Jennifer war beeindruckt. Sie war schon an so manchem Touristenort gewesen und auch in Florenz hatte es vor Menschen nur so gewimmelt. Aber das war alles nichts gegen den Flughafen Palma de Mallorca. Die Menschen, die mit ihr im Flugzeug gesessen hatten, eilten zum Laufband, an dem ihr Gepäck ankommen sollte, als ginge es um Sekunden. Überall wuselten solariengebräunte Menschen herum, die nervös auf ihre Koffer warteten. Die Frauen trugen ausnahmslos kleine Schminkköfferchen, die Männer ab 40 dicke Bäuche, auf denen Videokameras ruhten. Es wurde gegrölt, gesungen und gelacht. Gierig rauchten die Touristen ihre Zigaretten, die sie im Flugzeug zollfrei gekauft hatten. Alle paar Meter stand ein Ghettoblaster auf dem blankgebohnerten Fußboden, aus dem dumpfe Bässe hämmerten wie aus einem aufgemotzten Manta.

Jennifer stopfte die Jeansjacke in ihren Rucksack und empfand jetzt schon nur das T-Shirt als viel zu warm bei der Affenhitze. Sie fragte sich angesichts dieser Menschenmassen, ob sich wohl überhaupt noch Deutsche im eigenen Land befanden? Zumindest zwei kannte sie ja. Sie sah auf die Uhr und dachte daran, dass Ben und Frank um diese Zeit schon die Fähre nach Langeneß bestiegen hatten.

Ben schüttelte fassungslos den eingezogenen Kopf. Mit verschränkten Armen und zugezogener Kapuze stand er an Deck der Fähre und beobachtete, wie Frank trotz des peitschenden Regens vorn am Bug des Schiffes stand und sich freute, dass die über die Reling schlagenden Wellen ihm eine kalte Dusche nach der anderen verpassten.

»Da!«, schrie Frank in den Sturm hinein. »Die ist noch riesiger!«

Ben erkannte durch die Gischt und den aufsteigenden Nebel hindurch nur schemenhaft, wie Frank ausgelassen auf die nahende Welle zeigte und sich auf die nächste Überschwemmung freute.

»Du hast 'nen Knall!«, entschied Ben und sah zu, dass er wieder ins Trockene im Innern des Schiffes kam. Der Urlaub schien schlimmer zu werden als befürchtet. Noch einmal nahm er sich das Handbuch des Laptops vor, obwohl er sicher war, dass er mittlerweile alle Funktionen des kleinen, leistungsfähigen Computers auswendig wusste. Aber vielleicht gab es da ja doch noch etwas, das er übersehen hatte und das sich mal als sehr nützlich erweisen konnte.

Jennifer war begeistert. Das kleine, grüne Iglu-Zelt war in Wirklichkeit noch tausendmal schöner als in dem Prospekt. Die Mädchen hatten es sich richtig gemütlich gemacht. Der Gummiboden war mit einer Wolldecke ausgelegt. Darauf lagen die aufblasbaren Isomatten, worauf die nagelneuen Schlafsäcke zum Nickerchen einluden. Jennifer fand es nur schade, dass man in Zeltwände keine Nägel für Bilder einschlagen konnte.

»Bilder?«, lachte Miriam. »Wir sind doch nicht hier um Bilder anzuglotzen!«

»Sondern?«, fragte Jennifer und schmunzelte. Sie wusste schon, welche Antwort kommen würde.

»Sondern hübsche Jungs!«, antwortete Miriam prompt. »Und dann suchen wir uns die besten aus. Sonst hätten wir ja auch bei meinen Eltern im Hotel wohnen können.«

Jennifer schüttelte grinsend den Kopf. Das war typisch Miriam. Jennifer konnte sich jetzt schon darauf einrichten, dass sie in einem Urlaub mit Miriam nicht viel zum Schlafen kommen würde.

Die beiden kramten ihre Bikinis aus dem Rucksack hervor, schnappten sich jede ein Handtuch und dann ging's endlich ab zum Strand. Immerhin waren sie schon vier Stunden auf Mallorca, da wurde es Zeit ins Meer zu springen. Sie hatten nicht mehr allzu viel Zeit, denn zum Abendessen mussten sie bei Miriams Eltern eintrudeln. Wenigstens zum Frühstück und zum Abendessen wollten die Eltern die Kinder sehen, hatten sie zur Bedingung gemacht.

Für einen klitzekleinen Moment bekam Miriam schlechte Laune. Mit mürrischem Gesicht blieb sie stehen und holte eine Flasche mit Sonnenmilch hervor. »Sonnenschutzfaktor 24!«, stöhnte sie. »Ich hasse es, rothaarig zu sein. Da wird man nie braun, sondern verbrennt immer gleich und sieht dann aus wie ein Feuermelder.«

Jennifer bedauerte sie ironisch. Denn natürlich hatte Miriam sich gründlich auf den Urlaub vorbereitet und war gemeinsam mit ihrer Mutter regelmäßig ins Sonnenstudio gegangen. Zwar hatte Miriam wirklich eine sonnenempfindliche Haut, aber sie war keineswegs blass.

Die dunkelhaarige und schnell bräunende Jennifer fuhr aber fort ihre Freundin zu necken. »Du hast Recht«, scherzte sie. »Ich finde auch, du siehst noch schlimmer aus als der

Typ dort hinten.« Dabei zeigte Jennifer auf einen jungen, hageren Mann mit kalkweißer, welker Haut, einer zarten Brille und tiefen Falten im Gesicht. Auf dem Kopf trug er ein Taschentuch, das an allen vier Ecken verknotet war, dazu ein altmodisches, hellblaues Sommerhemd, dunkelbraune Shorts, die bis über die Knie reichten, und weiße Socken in hellbraunen Sandalen.

»Wie furchtbar!«, quiekte Miriam auf. »Ob der hier in der Geisterbahn angestellt ist?«

»Bestimmt«, bestätigte Jennifer. »Aber der wird wohl bald arbeitslos, wenn die erst mal dich entdecken!«

Empört stützte Miriam ihre Hände in die Hüften. »Das schreit nach Rache!«, versprach sie. »Zwölfmal unterducken ist das Mindeste!« Lachend liefen die beiden weiter zum Strand.

Langeneß war noch trostloser, als Ben es Frank geschildert hatte. Ein kleiner Erdhügel im unruhigen grau-braunen Meer. Ach was, Hügel, das war schon maßlos übertrieben. Ein klitzekleiner Kamm Erde lugte aus dem Wasser hervor, flach und grün in der Mitte, an den Rändern platt und schlammig. Selbst das Wasser traute sich nur alle paar Stunden an die öde Küste. Zwischendurch gab es für einige Stunden seinen schmierigen, schlickigen Boden frei und man konnte Hunderte Meter dort, wo sonst Boote schipperten, zu Fuß durch den Matsch waten. Bei Flut aber kam das Wasser manchmal gleich so gewaltig, dass es die Hälfte der ohnehin viel zu kleinen Insel unter Wasser setzte. »Land unter!«, hieß es dann, was die hundertdreißig Einwohner dieses grasbewachsenen Sandhaufens mitten im Meer als völlig normal empfanden. In solchen stürmischen Zeiten konnte man zwar die Insel nicht verlassen und es konnte auch kein Schiff ankommen. Aber die Einwohner hatten genügend Vorräte im Haus und ließen die Launen des Meeres mit der ortsüblichen Ruhe über sich ergehen.

Die Wolken hingen tief, schwarz und schwer über der Insel, als wollten sie das kleine, saftige Stückchen Land mal kurz ins Wasser tunken, so wie man hierzulande einen Keks in den Tee stippte. Der Regen hatte zwar nachgelassen, doch noch immer stürmte es so fürchterlich, dass Ben sich mit eingezogenem Kopf hastig nach seinem Großvater umsah.

»Schau mal!«, rief Frank und zeigte auf ein paar Vögel, die über ihre Köpfen hinweg sausten. »Echte Turbomöwen!«

Jetzt fiel es Ben auch auf. Die Möwen kreisten hier nicht gemächlich über dem Wasser, wie er es von verschiedenen Hafenstädten kannte, sondern wurden vom Sturm mit mindestens hundert Stundenkilometern flach übers Land gepeitscht, als hätte sie jemand mit dem Katapult abgeschossen. Ben fragte sich, wie die Vögel rechtzeitig die Kurve kriegten um nicht gegen eine Haus- oder Schiffswand geschleudert zu werden. Das Geheimnis behielt die Natur vorerst für sich, denn da erblickten sie Bens Großvater. Er stand vor seinem Wagen und winkte den Jungs mit einer knappen, bedächtigen Bewegung zu.

Frank wunderte sich, dass man auf dieser kleinen Insel überhaupt Autos benötigte. Die Strecke vom einen Ende der Insel zum anderen reichte ja noch nicht einmal für einen anständigen Mittelstreckenlauf. Er griff fest in die Gurte seines Rucksacks und stiefelte Ben hinterher, hinüber zum Insel-Opa.

»Morjen, morjen!«, nuschelte der alte Mann, ohne seine alte, verrauchte, nikotinbraune Pfeife aus dem Mund zu nehmen, öffnete die Türen seines Kleinlastwagens und setzte sich abfahrbereit hinters Lenkrad.

Frank verstaute sein Gepäck und nahm neben Ben auf der Rückbank Platz. Er war überzeugt, dass der Großvater hier im windstillen Inneren des Fahrzeugs sie nun richtig und herzlich begrüßen würde. Aber es kam nichts. Keine Frage nach der Reise, nach dem Wohlbefinden von Bens Mutter. Keine Bemerkung, dass Ben sehr gewachsen sei.

»Morjen, morjen«, blieb das Einzige, was der alte Mann mit der wettergegerbten, runzeligen Haut bis zur Ankunft in seinem Bauernhaus über die spröden Lippen brachte. Und dann folgte bloß: »Zweites Zimmer oben links«.

Frank wusste, dass die Nordfriesen nicht gerade besonders gesprächig waren, aber diese Wortkargheit erschreckte ihn doch. »Ist der sauer?«, fragte er unsicher bei Ben nach, als die beiden sich in einem der vier Fremdenzimmer einrichteten, die der Großvater in den Sommermonaten an Touristen vermietete.

Ben lachte laut auf, während er nach der Steckdose suchte, an die er Handy und Laptop anschließen wollte. »Hast du nicht sein Augenzwinkern gesehen?«, fragte er zurück. »Der war total gut gelaunt und fröhlich!«

»Dann möchte ich den nicht mit mieser Laune erleben!«, antwortete Frank verblüfft.

⇩

17

Ben hatte die Steckdose gefunden — natürlich hinter der Kommode. Er schloss den Computer und ein Funktelefon, das ihm Franks Vater mitgegeben hatte, daran an. Strom und eine Telefonverbindung — mehr brauchte man nicht um sich mit der Welt zu verbinden, mit der Welt des Internet — auch an diesem gottverlassenen Ort nicht. Dafür sorgte die spezielle Modemkarte im Computer.

Frank erkannte, dass von Ben nichts zu erwarten war, bis der nicht wenigstens einmal die Funktionsweise seines Laptops erfolgreich getestet hatte. Selbstverständlich hatte Ben auch zu Hause alles bereits einmal durchgecheckt, nachdem Franks Vater ihm die Geräte gebracht hatte. Doch Ben wusste nur zu gut, dass das nichts bedeutete. Zu oft hatte er erlebt, wie ein Computer aus heiterem Himmel, scheinbar ohne den geringsten Grund, die albernsten Dinge tat, fehlerhaft arbeitete oder Programme, die bis dahin einwandfrei liefen, nicht mehr annahm. Solch ein Schabernack passierte ausgerechnet immer dann, wenn beispielsweise gerade ein langes Schulreferat fertig erstellt, aber noch nicht gespeichert war. Ben wusste, dass Computerprofis dieses Phänomen ironisch als »Murphys Gesetz« bezeichneten. Es besagte, dass ein verborgener Fehler — und jedes Computerprogramm enthält Fehler! — genau dann wirksam wird, wenn er den größtmöglichen Schaden anrichtet. Ben fragte sich, ob dieses Gesetz wohl auch während ihres virtuellen Unterrichts wirken würde?

Der Anschluss des Laptops funktionierte überraschenderweise reibungslos. Ben startete das Programm und stellte eine Verbindung zum Internet her. Die Startseite des

Browsers war leer. Ben überlegte einen Moment, welche Adresse er als Erste eingeben sollte. Nach kurzer Überlegung lächelte er verschmitzt. Ob wohl dieses unsägliche Nest namens Langeneß im Internet zu finden war? Er wählte eine Suchmaschine, gab als Suchwort »Langeneß« ein und tatsächlich: Selbst dieses kleine Fleckchen Erde mitten in der stürmischen Nordsee war im Internet vertreten. (http://www.nordfriesland.com/hallingen/).
Ben sah sich einige Bilder von der Insel an. Da er die aber ebenso hätte sehen können, wenn er aus dem Fenster geschaut hätte, wurde es schnell langweilig und er wechselte auf die Homepage des Schulprojektes. Zwar begann das Projekt erst einen Tag später, aber es konnte ja nichts schaden, schon einmal zu spicken, was ihn am nächsten Tag erwarten würde. Die Seite präsentierte sich noch schlimmer, als Ben es befürchtet hatte. Es erschien der übliche Einleitungsfirlefanz mit

**Herzlich Willkommen
Informationen des Computerunternehmens,**

in dem auch Franks Vater arbeitete, und zu allem Überfluss noch mit einem Link zu einer Rede des Bundesbildungsministers, die mit Sicherheit niemand lesen wollte.

Genervt wollte Ben gerade auf eine andere Seite wechseln, als er ganz klein, unten rechts doch noch auf ein interessant wirkendes Symbol aufmerksam wurde. Unter einem Bildchen eines Kreuzworträtsels und einem dicken roten Fragezeichen war dort zu lesen:

⇩
19

Erste Einheit!
Preisrätsel:
Spielregeln
Gewinne
Beginn

Eine Rätselrunde als Unterrichtseinheit? Das klang gut. Vielleicht hatte er der Seite doch unrecht getan und die Projektleiter hatten sich einiges einfallen lassen um die Schule im Internet lebhafter zu gestalten als den herkömmlichen Unterricht. Schließlich war es für die beteiligten Computerfirmen von einiger Bedeutung, dass dieses Projekt von allen als Erfolg angesehen wurde. Da mussten die Organisatoren schon einiges bieten. Ben klickte (GEWINNE) an — und war enttäuscht. Den erfolgreichen Absolventen des Rätsels wurden lediglich T-Shirts und Baseballkappen in Aussicht gestellt.

»Da merkt man gleich, dass doch wieder die Lehrer ihre Finger im Spiel hatten«, ärgerte sich Ben und klickte sich zu den Spielregeln weiter. Er stöhnte erneut auf. Das pädagogische Konzept der Erfinder des Rätsels entblätterte sich vor ihm wie ein Baum im Herbstwind. Übrig blieb das karge Gerüst: Bei diesem Rätsel gab es überhaupt keine Gewinner! Alle Aufgaben sollten gemeinschaftlich von den Projektteilnehmern gelöst werden. Die ersten Unterrichtsstunden standen zur Verfügung um per Chat untereinander zu beraten und gemeinschaftlich zu recherchieren um so gemeinsam Aufgabe für Aufgabe zu lösen. Und eben deshalb — so stand es wortwörtlich da — gab es »auch im herkömmlichen

Sinne keine Gewinner oder Verlierer. Die Schulklasse soll gemeinsam zum Ziel kommen.« Schaffte sie es, so gab es für jeden ein T-Shirt und eine Baseballkappe.
»Na klasse!«, schimpfte Ben genervt. Dieses Rätsel war ungefähr so spannend wie ein Fußballspiel, bei dem man sich vorher auf ein 0:0 einigte, damit hinterher niemand traurig sein musste. Wenn Pädagogen sich Computerspiele ausdachten! Hoffentlich ging es nicht so langweilig weiter! Wegen eines blöden T-Shirts und einer hässlichen Baseballkappe würde sich wohl kaum jemand die Mühe machen umständliche Recherchen zur Rätsellösung anzustellen.
Wie lange sollte diese ganze Raterei überhaupt dauern?, fragte sich Ben und klickte auf (ALLE GRAFIKEN LADEN).
Zuvor war er nur im Schriftmodus gewesen um die Ladezeit der Webseite zu verkürzen. Manchmal aber verbargen sich auch in Grafiken interessante Verzweigungen zu weiteren Seiten. Und schon passierte das, was Ben geahnt hatte.
»Der Rechner hat sich aufgehängt«, schimpfte er, weil er manchmal so redete wie alle Computerfreaks reden. In Wirklichkeit hatte der Computer sich natürlich keinen Strick besorgt und sich aufgehängt, sondern er stand still und machte einfach gar nichts mehr. So etwas passierte häufiger, besonders im Internet.
Alle schwärmten von den Millionen, ja Milliarden Informationen, die im Netz zu haben waren. Alle redeten begeistert davon, dass jeden Monat wieder einige Millionen Menschen aus der ganzen Welt hinzukamen, die das Internet nutzten. Bloß davon, dass die Telefonverbindungen diese Trilliarden von Übertragungen und Verbindungen nicht verarbeiten

⇩

konnten, sprach selten jemand. Kurz: Die Leitungen waren mal wieder überlastet.

Ben wusste, was zu tun war: Er klickte auf (RELOAD) um die Seite ein zweites Mal zu laden. Es funktionierte nicht. Ben sprang zurück auf die Ursprungsseite, versuchte es nochmal, bemühte sich über einen Umweg wieder an die Seite heranzukommen, indem er es über eine andere Suchmaschine probierte.

Und siehe da, neben einer Menge weiterer Eintragungen zum Suchwort Rätsel befand sich auch die seiner Schulklasse. Ben brauchte nun nur die Zeile anzuklicken und würde wieder auf seiner Schulseite ankommen. Das tat er aber nicht. Eine Zeile weiter nämlich erregte eine andere Eintragung seine Aufmerksamkeit.

Das Millionending stand dort. Das klang erheblich interessanter als Bens Schulseite.

So lief es immer – im Internet. Man war eigentlich auf der Suche nach etwas Bestimmtem. Doch während dieser Suche stieß man unerwartet auf einige Eintragungen, die erstens viel spannender klangen und einen zweitens vom eigentlichen Suchergebnis meilenweit fortführten. Ben machte sich also keine weiteren Gedanken darüber und klickte neugierig auf Das Millionending.

Die Seite wurde geladen, baute sich auf und ... Ben pfiff anerkennend durch die Zähne. Das Rätsel lautete schlicht die Überschrift der Seite. *Wieso nicht ›Das Millionending‹?*, fragte sich Ben. Denn gleich zu Beginn lockte der Veranstalter mit dem Hauptgewinn: Zwanzig Millionen Mark!

Langsam wiederholte Ben den Satz und ließ sich dabei

die Summe auf den Lippen zergehen: Zwan-zig Mil-li-o-nen Mark! *Das* nannte er einen Gewinn!

Schnell markierte Ben die Seite mit seinem Browser, damit er sie immer wiederfinden konnte. Er war gespannt, von welchem Kaliber die Fragen eines Rätsels waren, bei dem man zum vielfachen Millionär werden konnte. Schon mit deutlich größerer Erregung im Bauch als zu Beginn seines Ausflugs ins weltweite Datennetz klickte sich Ben auf die Seite mit der ersten Frage, auf der sich ihm ein eigenartiges Bild bot. Über die gesamte Bildschirmseite erstreckte sich ein Kreuzworträtsel.

Ein Kreuzworträtsel! Besser konnte es gar nicht kommen. Denn Ben kannte einen wahren Meister im Kreuzworträtsel, den besten Fachmann für knifflige Fragen schlechthin, den Magier, dem niemand das Wasser reichen konnte, das war jedenfalls Bens Meinung. Der Superrätsellöser war niemand anders als Insel-Opa!

»Die Millionen gehören uns!«, brüllte Ben vor Begeisterung in seinen Computer. Er freute sich so sehr, dass ihm die komischen Narrengesichter gar nicht auffielen, die ihn von dort angrinsten, wo normalerweise bei einem Kreuzworträtsel die schwarzen Felder sind.

»Hey, was ist denn hier los?«

Ben drehte sich um. Hinter ihm warf Frank sein durchgeschwitztes Handtuch aufs Bett. »Wirklich ziemlich kurz die Insel!«

Ben verstand. Der Sportfanatiker Frank war tatsächlich die ganze Insel vom Anfang bis zum Ende einmal abgelaufen. Fassungslos schüttelte Ben den Kopf.

»Und warum schreist du deinen Computer an? War er böse?«, wollte Frank wissen.

»Ganz im Gegenteil!«, lachte Ben ihm entgegen. »Wir gewinnen gerade zwanzig Millionen Mark.«

»Spielst du Monopoly in der Computerschule?«, vermutete Frank.

Ben schüttelte den Kopf. »Keineswegs.« Und dann erzählte er seinem Freund, warum er glaubte demnächst zwanzigfacher Millionär zu sein.

Frank winkte lachend ab. »Ich verstehe nichts vom Internet und schon gar nichts von Kreuzworträtseln. Ich weiß nur eines: Auf der ganzen Welt gibt es keine Firma, die ein Preisausschreiben mit einem solch astronomischen Gewinn veranstaltet. Das übertrifft ja fast das Jahreseinkommen von Boris Becker!«

Ben sah verdutzt auf seinen Freund. »Aber so steht es hier!«, warf er ein.

Frank wich nicht von seiner Meinung ab. »Dann ist es eben Schwindel. Was meinst du, warum die Till Eulenspiegel als Logo haben? Der hat doch auch immer alle Leute verulkt.«

»Till wer?«, wollte Ben wissen.

»Na, Till Eulenspiegel«, sagte Frank und zeigte auf die Narrenfratzen im Computer.

»Der Typ in den bunten Klamotten aus Mölln. Vor urlanger Zeit zog der durch die Lande und hat die Leute verulkt. Der hat die irrsten Sachen gemacht. Hast du nie von seinen Geschichten gehört?«

Ben musste verneinen und nahm sich klammheimlich vor, sich noch in der selben Nacht übers Internet Informationen dazu zu besorgen. (http://www.abc.de/gutenb/maerchen/eulenspi/eulen01.htm).

Für Frank war die Sache damit erledigt. »Übrigens sollen wir zum Abendessen hinunter kommen, hat dein Opa gesagt.« Frank machte eine kleine Pause, schmunzelte und ergänzte: »Das heißt: das hat dein Opa gemeint. Gesagt hat er nur: ›essen!‹«

Ben grinste, druckte eilig das Kreuzworträtsel aus und stellte den Computer ab. Für ihn war das letzte Wort in Sachen Rätsel noch lange nicht gesprochen. Wenn dort stand, dass es um zwanzig Millionen ging, dann ging es auch um zwanzig Millionen. Basta. Da konnte Frank darüber denken, was er wollte. Ben riss das Rätsel aus dem Drucker und lief hinunter zum Abendessen, eine wunderbare Gelegenheit um seinem Großvater das Rätsel zu überreichen.

WAAGERECHT

2 Datei aus dem Netz laden
9 Stadt in Brasilien
14 Stadt in der Normandie
15 Abkürzung für: am angeführten Ort
17 Antilleninsel
18 Vulkan in Asien
20 Stadt in Dänemark
23 Abkürzung für: Cäsium
24 wirtschaftliche Aufbauvereinigung
26 Abkürzung für: ehrenhalber
28 Zusatz zu irischem Männernamen
29 Stadt am Rhein
32 Satelliten-Umlaufbahn
34 Antilopenart
35 Abkürzung für: Maine (USA)
36 Nebenfluss der Donau
38 Abkürzung für: Anhang
39 Internetadressen-Format
40 arabischer Wüstenbrunnen
41 Fluss in Deutschland
44 Slang
45 Abkürzung für: auf Zeit
46 Karteireiter
49 lateinisch (Sprache) zu den Akten
51 amerikanischer Filmschauspieler
53 Hauptstadt von Annam
54 Edelfisch
55 Nebenfluss der Beresina
56 Heissluftdusche
58 Hafenstadt in Ägypten
59 Abkürzung für: Bundes-kriminalamt
61 Verhältniswort
63 Olympisches Weltkomitee
64 arabisch (Sprache) Sohn
65 Magenteil bei Wiederkäuern
67 Gestalt aus Freischütz
69 Adriainsel
70 franz. Wasser
71 Nebenfluss des Main
73 Sohn des Jakob
75 engl. Graf
76 bibl. Monatsname
78 Donauabfluss
81 Abkürzung für: gebunden
82 türk. Titel
84 Nebenfluss der Weichsel
85 altmexikanisches Volk
87 Arbeitsspeicher
89 Abkürzung für: Barium
90 Stadt im Schwarzwald
92 Ehrenpreis
94 austral. Berg
96 englisch Tee
97 Droschke
99 Stadt auf den Philippinen
102 Abkürzung für: nicht tauglich
103 Derwisch
105 Getränk
106 bibl. Frauengestalt
108 die Ewige Stadt
110 Abk. für Oberbürgermeister
111 Querstange
112 Abkürzung für: Krone
113 Gefährte
118 Gestalt aus der West Side Story
120 Juraformation
122 dichterisch für Adler
123 Holzgewächs
126 tragbarer Computer
127 Wochentag

SENKRECHT

1 Weltweites Datennetz
2 Abkürzung für: Diapositiv
3 Abort
4 Nebenfluss der Donau
5 bestimmter ital. Artikel
6 Indianerstamm in Südamerika
7 Landschaft in Schweden
8 chin. Staatsmann
9 Kielwasser
10 Filmpreis
11 Computersprache
12 Verhältniswort
13 Abkürzung für: um Antwort wird gebeten
16 Keilschwanzsittich
19 Karnevalsruf
21 Heilige
22 Subvention
25 Zahlwort
27 Nebenfluss der Rhône
28 Milchprodukt
30 Abkürzung für: Auswärtiges Amt
31 Fluss in Marokko
33 Bundesnachrichtendienst
34 französischer Schriftsteller
35 Tierlaut
37 Pflanzenkrankheit
39 Quellfluss des Ubangi
42 Abkürzung für: Kommando
43 Kopfbedeckung der spanischen Infanterie
47 niederländ. Küstenfahrzeug
48 Stadt im Libanon
50 Kaffeehaus
52 interne Speicherverwalt.
53 Mantel
57 den Mund betreffend
58 Gestalt aus der West Side Story
60 Sahne
62 südam. Faultier
63 griechisch. Flussgott
66 Fleck
68 israel. Politiker
69 jüd. Gelehrter
72 Stadt in Spanien
74 arabisches Kleidungsstück
76 österreichischer Adelstitel
77 Göttin der Liebe
79 Dreiecksegel
80 Gaumenzäpfchen
83 englisch Osten
84 Quellfluss der Lena
86 Stadt am Kocher
88 1 Million Byte
91 niederländische Automarke
93 Gerinnmittel
95 Stern im Sternbild Pegasus
98 Streitwagen der Antike
100 Abkürzung für: Örsted
101 Polstermaterial
104 Fahrpromenade
107 ausdruckslos
109 Stadt in Österreich
113 Pranger
114 Abkürzung für: Milliarde
115 Hinrichtungsgerät
116 Fluss in Schottland
117 Insignien von Shaw
119 Abkürzung für: Personalgesellschaft
121 Dehnungslaut
124 dt. Vorsilbe
125 lat. (Sprache) und

Unverhoffter Kontakt

»Ich könnte jetzt eine Erfrischung vertragen.« Miriam saß im Schneidersitz auf ihrem Handtuch und hielt die Wasserflasche mit der Öffnung nach unten über Jennifer. Ein letzter, viel zu warmer Wassertropfen zerplatzte auf deren Bauch. »Und Hunger hab ich auch.«

Jennifer erging es ebenso und so packten die Mädchen ihre Sachen zusammen und spazierten in den Ort, der zu dieser Tageszeit noch verhältnismäßig leer war. So konnten die beiden auf dem Weg in ein Café wenigstens auch ein bisschen in die Schaufenster gucken. Miriam brannte darauf, Jennifer die Stadt, die sie abends unsicher machen wollten, zu zeigen.

Jennifer fand, dass sich die Läden glichen wie ein Ei dem anderen: Postkartenständer versperrten den eigentlichen Ladeneingang gemeinsam mit angebotenen bunten Handtüchern, T-Shirts mit Stammtisch-Sprüchen, Badelatschen und deutschsprachigen Reiseführern, Sexmagazinen, deutschen Tageszeitungen und aufgeblasenen Luftmatratzen. Vorbei an Taucherbrillen, Strandkleidern, Keschern und Plastikspielzeug ging es dann ins Innere, wo das Angebot nahtlos in das eines Supermarktes irgendeiner deutschen Kleinstadt überging: deutsches Bier in Dosen neben deutschem Kaffee, Keksrollen mit deutscher Aufschrift, deutscher Butter und sogar Schwarzbrot. Hinter der Kasse saß eine alte Frau, die zwar wie eine Spanierin aussah, die Kunden aber in deutscher Sprache begrüßte. Jennifer und Miriam schlenderten weiter die Straße entlang, blickten kurz in eine Gaststätte mit dem schönen spanischen Namen »Zur goldenen Haxe«. Jennifer staunte über eine Go-Cart-Bahn in Nachbarschaft eines Autoskooters und freute sich schon gemeinsam mit Miriam auf den Hidropark, ein großes Spaßbad mit mehreren Schwimmbecken und Wasserrutschbahn.

Aus einer Kneipe, die mit der Übertragung der deutschen Bundesliga-Spiele warb, torkelte ein weißbestrumpfter Mann in violetter Jogginghose und warf seine leere Bierdose in hohem Bogen durch die Straße. Offenbar glaubte er, hinter ihm würde ein Diener folgen, der den Dreck wieder wegräumte. Von ihrer Tante, die mal in einem Reisebüro gearbeitet hatte, wusste Miriam, dass es meist diese Typen waren, die nach ihrem Urlaub vom Reiseveranstalter Geld zurückverlangten, weil die Gegend so zugemüllt war.

»Die wohnt übrigens inzwischen hier«, beendete Miriam ihre Erzählung.

»Deine Tante?«, staunte Jennifer. »Und wann willst du die besuchen?«

Miriam seufzte laut. »Das hat Zeit. Die hat einen Sohn, der mir höllisch auf den Keks geht. Auch so ein Computerfreak. Aber im Gegensatz zu Ben kennt der gar nichts anderes. Viel älter als Ben, aber ein ziemlich schüchterner Bubi.«

Jennifer nickte verständnisvoll. Sie kannte zwar Miriams Cousin nicht, aber auf ein verkabeltes Muttersöhnchen hatte sie auch keine Lust.

Schließlich landeten sie in einem Straßencafé. »Das war letztes Jahr noch nicht da!«, schwor Miriam.

Ein niedlich aussehender, braungebrannter, schlanker Junge mit glänzenden schwarzen Haaren in weißem Hemd und schwarzer Hose stellte sich lächelnd zu den Mädchen an den Tisch. Miriam war entzückt.

Das Sprachgenie Jennifer hatte — wie immer vor größeren Reisen — auch diesmal ausführliche Studien in einem Sprachführer betrieben und sprudelte flüssig heraus: »Quisiera una ración de espagueti y una limonada, por favor!«

Herzzerreißend freundlich strahlte der smarte Bursche Jennifer an und fragte nach: »Orange oder Zitrone, mit oder ohne Eis, einen Strohhalm dabei? Und die Spagetti mit oder ohne Parmesan?«

Miriam kicherte laut los und bestellte das Gleiche, allerdings auf Deutsch. Jennifer war sichtlich enttäuscht. Nachdem der Kellner in die Küche verschwunden war, moserte sie: »Da rackert man sich ab um im Schnellkurs spanische Vokabeln zu büffeln und dann so etwas. Da hätte ich auch zu Hause bleiben können.«

Miriam wiegelte ab. »Nun heul mal nicht gleich ins Kissen. Ist doch praktisch, dass hier alle deutsch sprechen. Das macht die Sache doch viel einfacher als damals in Italien.«

Jennifer hatte keine Lust mit Miriam einen Streit zu beginnen über den Sinn, in einem fremden Land sich auch die fremde Sprache anzueignen, sondern sah sich statt dessen von ihrem Platz aus ein wenig in dem Lokal um.

»Das gibt's ja nicht!«, rief sie plötzlich.

Miriam folgte dem Blick ihrer Freundin und war ebenfalls verblüfft. Im Innenraum des Cafés standen tatsächlich Computer. Nicht etwa nur ein oder zwei Geräte für die Kassierer, sondern auf jedem Tisch stand ein Monitor und eine Tastatur. Und selbst bei dieser Temperatur von 32 Grad im

Schatten saßen dort drinnen in dem sonnenlosen Raum einige Gäste in Badehosen, nuckelten an ihrer Cola und tippten eifrig auf den Tastaturen herum.

Jennifer ließ den Zeigefinger vor ihrer Stirn kreisen. »Die haben doch echt 'nen Knall!«, war sie überzeugt.

Miriam stand auf und ging auf einen Tisch zu, an dem ein etwa fünfzehn Jahre altes Mädchen wie wild auf der Tastatur herumhämmerte und dabei vor sich hin grinste. Miriam schaute ihr über die Schulter und las die Zeilen auf dem Bildschirm mit:

<cool> Zu heiß am Strand. Ist gerade Siesta.
Gehe später wieder

hatte das Mädchen eingetippt. Sie wartete und auf dem Bildschirm erschien ein neuer Satz, obwohl sie gar nichts getippt hatte.

<champion> Bei uns regnet es. :-(
Trink gerade ne Cola.
Ziemlich langweilig im Moment. :-((
Aber heute Abend ist Party bei 'nem Freund
in der second street. :-)

Miriam und Jennifer sahen sich an. Second street? Das Mädchen vor ihnen war derweil schon wieder heftig beim Tippen:

<cool> Langweilig?? Obwohl du dich mit mir
unterhältst? Schuft!!!!!! :-)

Unterhalten? Miriam platzte vor Neugier. »T'schuldigung«,

begann sie und tippte dem Mädchen am Terminal auf die Schulter.»Was machst du denn da?«

»Ich stricke Strümpfe! Siehst du doch!«, raunzte das Mädchen zurück.

Miriam verzog ärgerlich das Gesicht, aber sie wollte nicht aufgeben.»Baumwolle oder Kunstfaser?«, fragte sie keck nach.

Das Mädchen drehte sich irritiert um.»Hör zu«, blaffte sie Miriam an.»Ich hab hier 'nen echt coolen Chat mit 'nem echten Bringer in New York.« Mit diesen Worten drehte sie sich wieder zum Monitor und las die Worte:

<champion> Muss jetzt Schluss machen.Ciao!

Wütend schlug das Mädchen auf die Tastatur. Miriam grinste sie schadenfroh an:»Und nun ist er *echt* weg, dein *echter* Bringer.«

Zornesrot sprang das Mädchen auf, schien kurz zu überlegen, ob sie handgreiflich werden sollte, besann sich aber schnell eines Besseren und stampfte schnaubend aus dem Laden.

»Oh, hier ist ja zufällig ein Terminal frei geworden«, lachte Miriam ihrer Freundin zu.»Darf ich dich einladen?«

Jennifer gluckste vergnügt zurück:»Aber gern!«, und machte einen albernen Knicks.

Die beiden saßen vor dem Monitor, aber wussten nun nicht weiter.

»Soweit ich es begriffen habe, hat sich die Sumpfhenne eben direkt mit einem Typen in New York unterhalten. Meinst du, das geht?«

Jennifer nickte. »Das weiß ich von Ben. Man nennt das ›chatten‹ und es funktioniert übers Internet. Ich weiß bloß nicht wie.«

Hilfesuchend sah sie sich nach allen Seiten um, ob es nicht irgendjemanden gab, den sie fragen konnten. Sie brauchte nicht lange zu suchen, da erschien schon der hübsche Kellner bei den beiden Mädchen. »Hilfe gefällig?«, säuselte er mit den Spagetti-Tellern in den Händen.

»Der Engel auf Erden!«, lachte Jennifer.

Mit wenigen Tasten und knappen Worten hatte der Kellner den Mädchen die Funktionsweise des Computers erläutert. Die Welt stand ihnen offen. Sie hatten die freie Wahl, mit welcher Stadt in welchem Land auf welchem Kontinent sie Kontakt aufnehmen wollten: New York, Mexiko City, Tokio oder ...

»Langeneß!«, rief Jennifer. »Bestimmt kann ich Ben einen Brief schreiben!«

Zum Glück war Ben ein richtig verspielter Computerfreak. Als er nämlich eines Tages in einer Computerzeitschrift ein Programm entdeckt hatte, mit dem man Visitenkarten drucken konnte, hatte Ben einen ganzen Abend damit verbracht, sich seine eigenen Kärtchen in verschiedenen Farben, Schrifttypen und Layouts zu erstellen. Jennifer war wutentbrannt nach Hause gegangen, hatte es aber dennoch nicht verhindern können, sich einige seiner neuen Karten einstecken zu müssen — obwohl sie Bens Adresse und Telefonnummer selbstverständlich auswendig kannte. Aber nicht seine E-Mail-Adresse! Die stand nämlich auch auf der Visitenkarte.

»I-Mehl?«, wiederholte Miriam mit vollem Mund.
»E-Mail«, bestätigte Jennifer. »Das ist Englisch und heißt nichts anderes als elektronische Post. Ich kann mit dem Computer einen Brief schreiben, ihn über die Telefonleitung abschicken und wenn Ben mit seinem Computer ins Internet geht, sieht er meinen Brief!«
Nie und nimmer hätte Jennifer daran gedacht, dass sie die Adresse jemals brauchen würde. »Moment«, sagte sie aufgeregt. »Eine dieser Karten muss ich in meinem Portmonee haben.«
»Und wie lange dauert das, ehe der Brief ankommt?«, fragte Miriam nach, die ihre eigene Erfahrung mit Postkarten von Mallorca nach Deutschland gemacht hatte. Schneller als fünf Tage ging da nichts.
»Ich schätze, ein bis zwei Minuten«, antwortete Jennifer in Miriams staunendes Gesicht.
Jennifer hatte eine der Visitenkarten gefunden, während Miriam das E-Mail-Programm aufrief. Eifrig machte Jennifer sich daran, Ben einen langen Brief zu schreiben.
»Vergiss nicht, den charmanten Kellner zu erwähnen, den du gerade kennengelernt hast«, frotzelte Miriam.
Jennifer überhörte das und tippte fleißig weiter. Miriam war neugierig und unverschämt genug ihrer Freundin dabei über die Schulter zu schauen. Dabei entging ihr allerdings nicht, dass ein neuer Gast das Internet-Café betrat. Heftig stieß Miriam ihre Freundin in die Seite. »Sieh mal, wer da gekommen ist: Häuptling Bleichgesicht persönlich.«
Jennifer schaute kurz auf und sah, wie der blasse, hagere Mann, dem sie schon am Vormittag begegnet waren, sich

35

mit fahrigen Blicken nach einem freien Platz umschaute. Aber trotz strahlendem Sonnenschein und wolkenlos blauem Himmel waren alle zwölf Terminals besetzt.

»Der Typ sucht tatsächlich einen Computer«, amüsierte sich Miriam. »Mit wem der wohl chatten will, mit Draculas Tante?«

Beiläufig bestellte der blasse Mann etwas bei dem Kellner, blickte nervös auf seine Armbanduhr und begann einzelne Gäste an den Terminals anzusprechen. Er wollte wissen, wie lange sie den Computer noch benötigten.

»Natürlich auch ein Deutscher!«, stöhnte Jennifer und schrieb es sofort in den Brief an Ben:

Hier sind mehr Deutsche als zu Hause.
Bin gespannt, ob man auf dieser Insel auch
mal einen Spanier trifft. Ich meine einen,
der auch spanisch spricht!

Miriams Blick klebte noch immer an dem Mann. Sie wunderte sich, dass es jemand so eilig haben konnte, an eins dieser Terminals heranzukommen. Sie konnte zwar nachvollziehen, dass es Spaß machte, sich live mit irgendjemanden in der Welt zu unterhalten, aber letztendlich war es doch alles Spielerei.

»Sag mal«, fragte Jennifer plötzlich. »Kann Ben mir hier eigentlich antworten?«

Miriam zuckte ahnungslos mit den Schultern. »Da musst du mal deinen Prinzen fragen!« Miriam war es nicht entgangen, dass der süße Kellner beide Augen auf Jennifer geworfen hatte. Aber Miriam nahm es gelassen. Sie wusste aus den Erfahrungen der vergangenen Urlaube, dass sich für sie selbst noch Verehrer in Hülle und Fülle auftun würden. Schließlich war es erst ihr erster Urlaubstag.

Jennifer winkte nach dem Barjungen, der sofort die anderen Gäste links liegen ließ. Hastig stürzte er in ihre Richtung, rutschte in einer Wasserpfütze aus, die die tropfende Badehose eines Gastes hinterlassen hatte, fing sich aber gerade noch, wobei er einen anderen Gast leicht anrempelte, der daraufhin seine Cola verschüttete. Miriam schmunzelte in sich hinein. Wie manche Jungens nervös wurden, wenn sie einem Mädchen imponieren wollten! Mit rotem Kopf und schwerem Atem kam der Kellner endlich vor Jennifer zu stehen und fragte, wie er ihr helfen könnte. Nachdem Jennifer ihm ihr Anliegen vorgetragen hatte, runzelte der Junge die Stirn, sah sich verstohlen zu allen Seiten um, als würde er sogleich ein Staatsgeheimnis verraten, und flüsterte: »Es ist eigentlich nur vorgesehen, dass die Gäste hier chatten. Postfächer haben wir ihnen nicht eingerichtet.« Noch einmal sah er sich nach allen Seiten um und wandte sich wieder an Jennifer: »Aber ich kann dir natürlich eines einrichten.«

»Oh, das wäre ja himmlisch«, flötete Jennifer und schlug die Hände vor der Brust zusammen, so wie es die entzückten Damen in englischen Fernsehkrimis immer taten.

Miriam verschluckte sich an ihrer Limonade und bekam einen Hustenanfall.

Nach wenigen Tastendrucken hatte Jennifer eine E-Mail-Adresse im Mallorquiner Internet-Café und der Kellner bekam seine Belohnung: Jennifer nannte ihm ihren Namen.

»Und ich heiße José!«, rief der Junge stolz wie ein Torero aus.

Miriam konnte sich nicht mehr halten. José! Im Laufe der Jahre hatte sie auf Mallorca mindestens zwanzig Kellner kennengelernt. Und achtzehn davon hießen José. Es schien der Name zu sein, den die deutschen Touristen am meisten liebten.

»Und du?«, fragte José der Höflichkeit halber auch nach Miriams Namen.

»Ich?«, grinste Miriam frech. »Och, ich bin bloß die Heilige Johanna.« Mit diesen Worten ließ sie José stehen und schlenderte zum Flipperautomaten, an dem ein ausgesprochen gut aussehender Junge sich gerade ein Freispiel erkämpft hatte.

Der Lösung auf der Spur

Es war keine Überraschung für Ben, dass unter dem kleinen Briefumschlagsymbol in seinem Internet-Programm die Zahl »8« stand, was bedeutete, dass er acht neue E-Mails erhalten hatte. Seit einem halben Jahr besaß er eine E-Mail-Adresse und hatte schon Freunde in den USA, Frankreich, Japan, Berlin, München, Wanne-Eickel und drei Straßen weiter gefunden. Letzterer war Thomas, der Sammler aus seiner Schulklasse, der immer dann, wenn sein Vater nicht zu Hause war, die Telefonkosten der Familie in die Höhe schießen ließ. Thomas interessierte sich überhaupt nicht für Computer, aber im Internet fand man haufenweise Sammler und ein solches Paradies durfte er sich selbstredend nicht entgehen lassen.

Ben sah die eingegangene Post durch und blieb bei Brief Nummer sieben abrupt stehen. »Der ist ja von Jennifer!«, brüllte er durch das kleine Zimmer. Frank, der hinter ihm ein paar Kraftübungen auf dem Bett absolvierte, hätte vor Schreck beinahe eine Hantel fallen lassen.

Neugierig legte er die Sportgeräte beiseite und sah seinem Freund über die Schulter. »Aus Mallorca?«, wunderte er sich.

»Ja!«, rief Ben begeistert und teilte Frank mit, dass Jennifer und Miriam ein Internet-Café gefunden hatten und dort jetzt auch eine E-Mail-Adresse besaßen.

»Wir können sogar eine Uhrzeit vereinbaren und dann live miteinander chatten«, erklärte er weiter. »Aber jetzt kommt das Schärfste!« Ben betätigte ein paar Tasten und Frank beobachtete, wie der Computer

⇩
40

Download 08721.jpg - 75.387 kb

anzeigte, was für Frank soviel bedeutete wie: »Häh?«
»Warte es ab, mein Lieber!« Ben liebte es, die Dinge spannend zu machen. Es folgten weitere Tastendrucke, denen Frank entnehmen konnte, dass die

Datei 08721.jpg

umbenannt wurde in

Jennifer1.gif

anschließend ein Bild-und Grafikprogramm aufgerufen und dort diese Datei wieder geladen wurde. Jetzt tauchte plötzlich ein Foto auf dem Bildschirm auf, auf dem Miriam und Jennifer sich umarmten und winkend in die Kamera lachten. Beide trugen nur einen Bikini und hatten jede ein Handtuch um den Hals gelegt.
»Das sind ja ...«, staunte Frank
»... die Mädchen auf Mallorca!«, freute sich Ben. »Die haben nämlich eine Digital-Kamera in ihrem Laden!«
»Du meinst so etwas wie dieses Ding hier?«, fragte Frank und tippte auf eine kleine, weiße Kugel, die neben Bens Laptop stand und in die eine noch kleinere Linse eingebaut war. Das war die Kamera, die Ben — ebenso wie alle anderen Projektteilnehmer — von Franks Vater bekommen hatte, damit im virtuellen Unterricht auch eine Videokonferenz möglich war.

»Und jetzt bitte recht freundlich!«, befahl Ben. »Denn jetzt schicken wir mal ein hübsches Foto von uns beiden Supermännern nach Mallorca.«

Frank streckte sofort die Zunge heraus, Ben lachte und machte ein Foto, das er sogleich als Bilddatei speicherte und über den E-Mail-Weg nach Mallorca ins Internet-Café sandte.

»Und jetzt ran ans Rätsel!«, rief Ben voller Tatendrang. Zwar hatte sein Großvater versprochen das Rätsel zu lösen. Aber wie Erwachsene nun mal sind, haben sie keinen Sinn für Prioritäten. So hatte Bens Opa das Rätsel erst mal beiseite gelegt. Als ob es Wichtigeres geben konnte als zwanzig Millionen zu gewinnen. Doch Insel-Opa hatte ihm die Handvoll Läden von Langeneß aufgezählt und gefragt: »Kannst du dir vorstellen, hier zwanzig Millionen Mark auszugeben?«

Ben musste verneinen.

»Eben!«, hatte Opa befunden und damit war das Rätsel auf dem Küchentisch gelandet und wartete auf seine Lösung.

Ben faltete die Hände ineinander, streckte sodann die Finger, dass die Gelenke widerlich knackten, und begann das Zwanzig-Millionen-Spiel aufzurufen. Doch zu seinem großen Erstaunen erschien das Rätsel nicht, jedenfalls nicht das, das Ben ausgedruckt hatte, sondern eine völlig neue Seite — mit einem neuen Rätsel.

Verblüfft kratzte Ben sich am Kopf. Diesmal war nur das Gesicht von Till Eulenspiegel zu sehen, der Ben vom Bildschirm zuzwinkerte. Darunter stand geschrieben:

⇩

41

⇩

Gut gemacht! Der zweite Schritt!

»Verflucht!«, ärgerte sich Ben. »Das ist ja schon die zweite Seite! Wo ist denn die erste geblieben? Wenn ich die erste Frage nicht löse, kann ich zum Schluss mit Sicherheit nicht gewinnen!« Und vor allem: Wo war hier überhaupt die Frage? Es gab nur das Gesicht von diesem blöden Narren. Kein Rätsel, keine Frage, nichts.

Genau in diesem Augenblick sah ihm Frank wieder über die Schulter. »Schon wieder der blöde Eulenspiegel!«, nörgelte er. »Ich dachte, du bist jetzt mal im Unterricht.«

Ben wiegelte ab.

»Ich finde, so ein Goldzahn passt überhaupt nicht zu dem«, bemerkte Frank, »der Till Eulenspiegel war doch ein ziemlich armer Wanderer. Meine Eltern haben mir früher die Geschichten vorgelesen.« Frank wandte sich um und widmete sich wieder seinen Hanteln.

Ben glotzte dumm auf den Bildschirm. »Was denn für ein Goldzahn?«, wunderte er sich.

Frank machte sich nicht die Mühe, noch einmal zum Computer zu gehen. »Na, rechts oben in Till Eulenspiegels Knabberleiste. Der eine Zahn schimmert doch so komisch.« Jetzt legte er doch die Hanteln beiseite, stellte sich hinter Ben auf und zeigte auf den rechten oberen Eckzahn des virtuellen Eulenspiegelgebisses. »Oder ist das nur ein Lichtreflex?«

Ben stand auf und nahm Franks Position ein. Jetzt sah er es auch. Während die anderen Zähne des gemalten Gesichtes gelb waren, leuchtete und strahlte der Eckzahn golden aus dem Computer.

»Das ist ja ein dolles Ding!«, staunte Ben und setzte sich schnell wieder auf seinen Stuhl, klickte den Zahn an und – es erschien ein leerer Bilderrahmen.

Was war das denn für ein Quatsch? Enttäuscht ließ sich Ben gegen die Rückenlehne seines Stuhles fallen. Wo war denn da die Frage?

»Was dachtest du denn, wie die Fragen für 20 Millionen aussehen? Vielleicht: Wie heißen die beiden Hauptfiguren in dem Film: Bernhard und Bianca?«, warf Frank spöttisch ein. »Wenn das nicht schwer wäre, könnte ja jeder Depp zwanzig Millionen gewinnen.«

Das leuchtete Ben zwar ein, aber wie sollte man eine Frage beantworten, die man noch nicht einmal sehen konnte?

»Es ist tatsächlich wie bei Till Eulenspiegel!«, fiel Frank auf. »Einer seiner Streiche ging nämlich so:« Und dann erzählte Frank, wie Till Eulenspiegel einem Herzog ein leeres Stück Leinwand untergejubelt hatte, weil er behauptete, nur dumme Leute würden auf dem Bild nichts als Leere sehen.

Natürlich wollte der Herzog nicht als dumm gelten und behauptete deshalb, dass er auf dem Nichts ein Gemälde erkennen könnte – und kaufte das weiße Stück Stoff.

Ben empfand diesen Schwank von Till Eulenspiegel als ein wenig eigenartig. Denn er konnte sich nicht vorstellen, dass es so dämliche Herzöge gegeben hatte. Aber vor ihm auf dem Bildschirm strahlte ihn jetzt ein leerer Bilderrahmen an.

»Du meinst also, dieser Trick bezieht sich auf diesen uralten Ulk?«, fragte Ben skeptisch.

Frank zuckte mit den Schultern. Es war nur eine Vermutung.

⇩
43

⇩
44

Ben überlegte angestrengt. »Das würde also heißen«, ahnte er, »irgendwie soll ich meine Intelligenz beweisen und das Bild sichtbar machen?«

»Könnte sein!«, stimmte Frank zu.

Ben kapitulierte. Für diesen Moment. Erst einmal kopierte er die ganze Sache und schickte sie Jennifer. Die wusste doch immer so viel. Und Miriam wollte schließlich einmal Kriminalkommissarin werden. Sollte die ihren Kopf doch auch mal anstrengen!

»Der hat vielleicht Vorstellungen!«, ärgerte sich Miriam. »Woher sollen wir denn wissen, wie man das blöde Gemälde sichtbar macht?«

Jennifer stimmte ihr zu. »Wenn er wenigstens die Lösung vom ersten Rätsel bekannt gegeben hätte«, fand sie. »Vielleicht bauen die ja aufeinander auf?« Aber so war da wenig zu machen, stellten die Mädchen fest. »Nicht mal das Kreuzworträtsel hat er uns rübergebeamt, so dass wir es schon mal alleine lösen könnten.«

»Der hat wohl Angst, dass wir schneller sind als er«, stichelte Miriam.

»Aber Moment mal!«, fiel Jennifer plötzlich ein. »Wir sind doch gar nicht auf Ben angewiesen! Schließlich hat er das Rätsel aus dem Internet. Und wir sind hier ja am Internet angeschlossen. Oder täusche ich mich?«

»Nee!«, freute sich Miriam. »Aber weißt du die Adresse von dem Rätsel?«

Die besaß Jennifer natürlich nicht. Aber so weit sie Ben verstanden hatte, konnte man in einer »Suchmaschine« ein

Stichwort eingeben. Und die Maschine war so freundlich das passende herauszusuchen. Blieb demnach nur noch die Frage: Was war eine Suchmaschine und wo fand man sie?

»Null Problemo!«, grinste Miriam, stupste Jennifer in die Seite und forderte sie auf doch mal eben ganz unverschämt verlockend zum Tresen zu lächeln. Dabei schnipste Miriam mit dem Finger und schon kam José mit verklärtem Blick angehoppelt.

Einige Tastendrucke später mussten allerdings auch die Mädchen feststellen, dass das erste Rätsel verschwunden war. Und das zweite hatten sie ja bereits von Ben bekommen.

»Schade, wäre eine nette Beschäftigung für den Strand gewesen«, fand Jennifer.

»Tja. Ich überlege trotzdem schon mal, was wir mit zehn Millionen Mark anfangen würden!« Für Miriam bestand kein Zweifel, dass sie gemeinsam irgendwie das Rätsel knacken würden.

Jennifer lachte in sich hinein und mailte Ben, dass sie gerne das Kreuzworträtsel hätten und dann war es Zeit für ein weiteres Bad im kristallklaren, warmen Meer. Vergnügt legten sich die Mädchen ihre Handtücher über die Schultern und schlenderten los.

Wie ein Wirbelwind stürmte in diesem Augenblick der blasse Mann heran, stierte starr geradeaus, rannte Jennifer fast um, ohne es zu bemerken, und latschte in seiner rücksichtslosen Eile Miriam auf den nackten Fuß.

Miriam schrie auf. »Können Sie nicht aufpassen?«, fauchte sie dem Typ hinterher, der sich mit verschwitztem Hemd, schmutziger Hose und zerzausten Haaren hinter ein Terminal pflanzte, wie wild auf der Tastatur herumhämmerte und an dem Monitor zu rütteln begann wie an einem Spielautomaten, weil ihm das Einloggen ins Internet offenbar nicht schnell genug ging.

»Jetzt langt es mir aber!«, schnaufte Miriam, warf Jennifer ihr Handtuch zu, stampfte wütend hinter dem Mann her, baute sich mit den Händen in den Hüften hinter ihm auf und zeterte: »Ich finde, Sie hätten sich wenigstens entschuldigen können, wenn Sie mir schon auf dem Fuß herumtrampeln!«

Miriam traute ihren Augen nicht. Der Mann reagierte nicht. Sie tippte dem Mann mit spitzem Zeigefinger in den Rücken.

Mit einem lauten Jiepser zuckte er zusammen, drehte sich mit fahrigen Bewegungen zu Miriam um, die vor Schreck einen Meter zurückwich. Der Mann zwinkerte nervös mit den Augenwimpern, seine glasigen Augen stierten ins Leere wie bei einem Toten, sein aschfahles Gesicht schien seit Monaten keine Sonne gesehen zu haben, seine Hände zitterten.

»Was ist los?«, fragte er mit dünner Stimme.

Miriam vergaß völlig, dass sie sich beschweren wollte. Ängstlich erkundigte sie sich, ob der Mann Hilfe brauchte. Sie befürchtete, er würde ihr jeden Moment mit einem Kreislaufkollaps entgegen kippen.

»Lass mich!«, erwiderte der Mann nur, drehte sich auf dem Stuhl um und bediente die Maus des Computers, aus dessem Bildschirm die ganze Zeit ein bizarres eigenartiges Gesicht mit einer Art Karnevalsmütze heraus lachte.

Insel-Opa war verärgert. Jemand, der ihn nicht kannte, hätte das auf den ersten Blick gar nicht bemerkt. Ben allerdings sah sofort, dass mit seinem Großvater etwas nicht stimmte. Opas Augenbrauen hingen tiefer als gewöhnlich, seine Mundwinkel waren leicht nach unten gebogen. Das war kein gutes Zeichen.

Insel-Opa knallte seinem Enkel das Kreuzworträtsel auf den Tisch und knurrte mürrisch: »Alles Quatsch!«

Ben sah erst seinem Großvater ins Gesicht, dann auf das Papier. Das Kreuzworträtsel war kaum zur Hälfte gelöst. Ben konnte es kaum glauben. »Soll das heißen, du konntest es nicht lösen?«

Großvaters Mundwinkel zogen sich noch weiter nach unten. »Ich löse alle Kreuzworträtsel!«, maulte er. »Aber dieses hier ist Quatsch!«

Für Großvaters Verhältnisse war dies schon eine ungeheuer lange Rede gewesen. Er musste wirklich mächtig viel Wut im Bauch haben.

Trotzdem wagte Ben nachzufragen. »Was ist denn daran so unsinnig?«

»Hah!«, machte Opa. »Hier!« Er zeigte mit dem Finger auf die Zeile »69 Senkrecht«, in die er »Rabbiner« eingetragen hatte, eine andere (95 Senkrecht), in der mit Opas Handschrift das Wort »Markab« zu lesen war. »Das ist normal«, kommentierte er. »Aber das hier!« Jetzt klopften seine Finger wild auf dem Papier herum. »Datei aus dem Netz herunterladen. Wat schall dat denn sin? Oder hier: Interne Speichereinheit. So'n Tünkram! Dösbaddel sin dat. Dat kunn ich di seggen!«

Ben zog das Kreuzworträtsel unter Opas Hand hervor und besah sich die Fragen genauer. Zuvor hatte er sie sich gar nicht richtig angesehen, weil ihm sofort klar war: Für Kreuzworträtsel war sein Opa zuständig. Jetzt aber bemerkte Ben, dass ein Großteil des Rätsels aus dem Computerbereich stammte. Und zwar Fragen, die kinderleicht waren. Zumindest für jemanden, der sich ein wenig mit Computern auskannte. Eine ›Interne Speichereinheit‹ war RAM, Read and Memory, als Einheit für den Arbeitsspeicher eines Computers. ›Eine Datei aus dem Netz herunterladen‹ brauchte man nur ins Englische zu übersetzen: download. Und so ging es immer weiter mit dem Kreuzworträtsel. Es bereitete Ben keine Schwierigkeiten, fast den gesamten Rest des Rätsels zu lösen.

Allmählich begann sich auch Frank für das Rätsel zu interessieren.

Großvater winkte ab und zog mürrisch von dannen. »Tünkram!«, murmelte er vor sich hin.

Frank wunderte sich, dass ein Rätsel, mit dem man zwanzig Millionen Mark gewinnen sollte, so leicht zu lösen war, wie er es bei Ben beobachtete.

Bis auf einziges Wort hatte Ben den Rest des Rätsels gelöst.

»Und nun?«, fragte Frank.

Ben wusste auch nicht weiter. Es gab nichts, woraus sich ein Lösungswort ergeben hätte. Und selbst wenn man eines gehabt hätte, wäre noch offen, wo man es hätte eintragen sollen. Kein Hinweis, sich beispielsweise den dritten Buchstaben des Lösungswortes zu notieren, wie es so oft bei Rätseln üblich war. Einfach nichts.

»Lass uns doch jetzt mal die zweite Frage anschauen!«, schlug Frank vor.

Ben lud die zweite Frage. Es erschien das bekannte Gesicht, aber es sah schon wieder anders aus als das letzte Mal, als Ben sich die Seite angesehen hatte. Und diesmal war sogar klar, wo es weiter ging. Unten links am Bildschirm war eine kleine unterstrichene Drei zu sehen.

»Verdammt noch mal!«, fluchte Ben. »Ich habe es schon wieder verpasst. Dies ist die dritte Frage. Und die zweite ist bereits wieder verschwunden, ehe wir sie beantwortet haben!«

»Mach trotzdem weiter!«, meinte Frank. »Vielleicht können wir am Schluss das fehlende Glied erraten, wenn wir alles andere lösen.«

Ben grinste ihn verschmitzt an: »Jetzt glaubst du wohl doch an die zwanzig Millionen, oder?«

Frank zuckte mit den Schultern. Einen Versuch war es allemal wert, fand er!

Das Geheimnis auf dem Wasser

Jennifer hatte die Augen geschlossen. Aus dem Walkman erklang sanfte Gitarrenmusik. Die Sonne hatte den Sandstrand in heiße Glut verwandelt, aber unter dem Sonnenschirm herrschte eine wohlig-warme Temperatur. Jennifer klopfte mit dem Fuß den langsamen Rhythmus der Musik mit und fühlte sich pudelwohl, als Miriam ihr in die Seite piekte. Erschrocken fuhr Jennifer zusammen, schnellte ihren Oberkörper hoch, riss sich den Kopfhörer von den Ohren und sah Miriam vorwurfsvoll an. »Wehe, wenn jetzt nichts Sensationelles kommt!«, fauchte sie.

Miriam deutete etwas eingeschüchtert auf ein Motorboot, das langsam in die Bucht tuckerte. »Einmal möcht ich hier gern mit einem Motorboot übers Wasser düsen!«, schwärmte sie.

»Ja«, fand auch Jennifer, die ihrer Freundin sofort verziehen hatte. »Aber leider kann man hier keine mieten.« Und nach kurzem Nachdenken fügte sie hinzu: »Obwohl das sicher sehr vernünftig ist. Wenn hier Tausende von Touristen auf dem Wasser herumheizen würde, könnte man überhaupt nicht mehr baden.«

»Vielleicht kann man hier doch welche mieten!«, rief Miriam plötzlich und zeigte zu der Stelle, an der das Boot angelegt hatte. Am Strand stand der hagere Mann in Gummistiefeln und winkte dem Bootsführer zu.

Miriam war sich sicher, dass dem blassen Mann das Motorboot nicht selbst gehörte. »Dafür ist der viel zu blass«, kombinierte sie. »So blass ist niemand, der ein Boot besitzt

– selbst wenn der nur einmal pro Woche damit hinaus fährt.« Außerdem würde ein wirklicher Wassersportler niemals so albern sein und im Hochsommer auf Mallorca mit Gummistiefeln an Bord gehen.

An der Vermutung war etwas dran, fand Jennifer. Außerdem sei es ungewöhnlich, für solch ein kleines Motorboot extra einen Bootsführer zu beschäftigen. Ein Besitzer würde das Boot sicher selbst fahren. Neugierig beobachteten sie, wie der Mann unbeholfen durch das Wasser watete. Kurz bevor er das Boot und die ausgestreckte Hand des Bootsführers erreicht hatte, machte er einen ungeschickten Schritt, glitschte auf einem Felsen aus und landete mitsamt seinem Rucksack und einem lauten Platsch im Wasser. Jennifer und Miriam kringelten sich vor Lachen.

»Der ist so tapsig, dass er nicht einmal in ein Boot einsteigen kann!«, juchzte Miriam vergnügt.

Der Mann plantschte unsicher im Wasser umher und es dauerte eine Weile, bis er wieder auf den Beinen war. Der Bootsführer griff dem Mann unter die Arme und zog ihn ins Boot wie einen nassen Sack.

Fassungslos schüttelte Miriam den Kopf. So einen Tölpel hatte sie noch nie gesehen.

Der Mann machte in keiner Weise den Eindruck, als könnte er Spaß an einer Tour zum Baden oder Schnorcheln haben.

»Möchte wissen, wieso der sich überhaupt ein Boot gemietet hat«, fragte sich Jennifer.

Ben hatte an der dritten Frage mächtig zu knacken. Es

handelte sich um ein Puzzle. Nur zwei Teile im unteren Bereich des Bildes waren leicht zusammenzusetzen. Denn nebeneinander gelegt zeigten die Teile den Schriftzug:

Grad.

»Mann oh Mann«, stöhnte Ben. Einen Augenblick überlegte er, ob er die ganze Rätselei nicht einfach vergessen sollte. Andererseits: wenn es wirklich zwanzig Millionen Mark zu gewinnen gab? Er winkte ab. Dann wäre er sicher der Letzte auf dem Erdball, der diesen Jackpot knacken und die Millionen einstreichen würde. Er hatte noch nie etwas gewonnen. Obwohl er mit Leidenschaft bereits an allen möglichen Preisausschreiben teilgenommen hatte. Sicher, nicht so oft wie Thomas, der Sammler von allen möglichen Dingen, die gratis zu haben waren. Ein Moderator im Fernsehen hatte die Telefonnummer eines Gewinnspiels noch nicht ganz zu Ende gesprochen, dann hing Thomas bereits an der Leitung um als Erster das Lösungswort zu erraten. Aber auch er war bisher immer leer ausgegangen.

Ben schnipste mit den Fingern. Thomas! Das war doch die Idee! Wenn er Thomas von dem Rätsel berichten würde, wäre der mit Sicherheit sofort Feuer und Flamme.

Und wenn schon Thomas eingeweiht war, warum sollte Ben nicht auch die anderen Kinder des virtuellen Schulprojektes informieren? Vielleicht könnte er durchsetzen, dass sie alle gemeinsam das Rätsel lösten statt der langweiligen Lehreraufgaben, bei dem man ein T-Shirt gewinnen konnte.

Ben ließ seinem Gedanken sofort Taten folgen. Er schickte Thomas eine entsprechende E-Mail und klickte sich auf die Seite des virtuellen Unterrichts. Da erschien schon die Rätselfrage der Schule:

Jens lebt ganz einsam.
Doch wenn er das Licht ausmacht,
könnte ein Unglück passieren.
Warum?

Das war die Schlaumeier-Frage der Pädagogen. Ben besah sie sich, schielte mit einem Seitenblick aus dem Fenster und musste lachen. *Die Beantwortung dieser Frage wird sicher nicht allen Schülern so leicht fallen wie mir,* feixte er grinsend und tippte die Antwort ein:

Jens ist Leuchtturmwärter.

Er wusste, dass seine Antwort, die er per E-Mail losschicken musste, die anderen noch nicht erreichen würde, denn die Beantwortung der Rätselfragen wurde von einem Lehrer irgendwo in der Zentrale gesammelt. Aber über die Videokonferenz konnte Ben sich jederzeit mit den anderen Schülern verständigen. Er sah erst einmal nach, wie viele von den Schülern sich zur Zeit überhaupt online befanden. Es waren zwar acht, aber ob die wirklich alle vor ihrem Terminal saßen, ließ sich nicht überprüfen. Online den Unterricht zu schwänzen war um ein Vielfaches leichter als bei der herkömmlichen Methode. Wer eingeloggt war, konnte getrost Fernsehen gucken oder draußen auf der Straße Fußball spielen. Sein Name erschien in der Online-Konferenz und damit war's gut. Die Videokamera war leicht zu übertölpeln. Man sendete einfach ein einmal gespeichertes Bild von sich ab. Denn bei diesen Videokonferenzen war die Übertragung noch so holperig, dass Standbilder gar nicht auffielen. Natürlich stellten die Lehrer einige Kontrollfragen um heraus zu bekommen, ob man wirklich anwesend war — aber die fehlenden Antworten konnte man im Nachhinein immer noch mit Übertragungsschwierigkeiten rechtfertigen.

Ben ging auf Nummer sicher und schickte allen Teilnehmern eine E-Mail. Darin verriet er auch, wie er die Aufsicht der Lehrer zu umgehen gedachte. Immer kurz nach einer dieser doch sehr öden Videokonferenzen sollten alle Schüler auf ein bestimmtes Chat-Programm umschalten. Das barg zwar die Gefahr in sich, dass auch völlig unbeteiligte Besucher des Programms zwischen Grönland und Südafrika sich jederzeit in das Gespräch einmischen konnten. Aber Hauptsache, die Lehrer blieben außen vor und ahnten nicht, wo sich die Schüler trafen.

Bens Rundschreiben hatte einen überwältigenden Erfolg! Alle waren ausnahmslos begeistert. Sehr viel verlockender erschien es ihnen, statt sich um das langweilige Schulrätsel zu kümmern, das Zwanzig-Millionen-Ding- zu knacken.

Klar, wir sind dabei,

mailte es ihm von allen Seiten entgegen. Ben schmunzelte.

Jetzt war Spannung in die virtuelle Schule gekommen, die — wie im richtigen Leben auch — natürlich außerhalb des eigentlichen Unterrichts stattfand.

Das Tollste daran war, dass nicht nur Teilnehmer der virtuellen Schulklasse teilnehmen konnten, sondern eben auch Jennifer, Miriam und – Thomas!

Ben war sich sicher, dass Thomas sonst etwas anstellen würde um das Rätsel zu knacken. Er konnte schon die gesamte Welt vergessen um seinen 587 defekten Feuerzeugen ein weiteres hinzuzufügen, wenn es nur gratis zu bekommen war. Dasselbe galt für seine Sammlung verrosteter Schlüssel, verbogener Kronkorken, zerlegter Fahrräder oder löchriger Fußbälle. Aber zwanzig Millionen Mark als Gewinn! Dafür hätte selbst der langsame Thomas noch versucht den Weltrekord im Hundertmeterlauf zu unterbieten.

»Absolut genial!«, freute sich Frank, der seit einigen Tagen das besondere Talent zeigte, während der langweiligen Suche im Internet seinen sportlichen Interessen nachzugehen und genau dann, wenn es spannend wurde, wieder aufzutauchen. »Vermutlich rechnet der Veranstalter damit, dass niemand in der Lage sein wird, das Rätsel zu lösen, aber gemeinsam werden wir es schaffen!«, rief er pathetisch aus. Manchmal ging der olympische Geist ein wenig mit ihm durch.

Bens Großvater rief die Jungen mit seiner Reibeisenstimme.

Ben schaltete den Rechner ab, schnappte sich seine gelbe Öljacke und raste Frank hinterher. Denn heute stand ein ganz besonderes Erlebnis auf dem Plan. Sie durften mit Großvater hinaus auf die See fahren – und dafür ließ Ben

55

sogar seinen Computer stehen. Mit Opa aufs Wasser hinaus zu fahren, das war etwas ganz anderes als mit der Fähre um die Halligen zu dümpeln. Bens Großvater war ein ehemaliger Fischer, wusste eine ganze Menge Seemannsgarn zu erzählen und — das hatte er zumindest versprochen — die Jungens durften erstmalig alleine das Boot steuern! Die Bedingungen in die Nordsee hinaus zu schippern waren ausgesprochen günstig. Der Himmel war strahlend blau, was in dieser Gegend an sich schon eine Seltenheit war, die Flut hatte gerade eingesetzt und das Wasser war für hiesige Verhältnisse außerordentlich ruhig.

»Allns klor?«, fragte Opa von Bord seines kleinen, grünweißen Segelbootes, das zusätzlich einen Motor und unter Deck sogar eine kleine Kajüte besaß, wenngleich diese auch nicht größer war als eine Hundehütte.

Frank und Ben sprangen an Deck, legten sich die orangefarbenen Schwimmwesten an, worauf Großvater wegen der verschiedenen gefährlichen Strömungen bestanden hatte, und wollten sogleich das Steuer in Beschlag nehmen.

»Nee, nee«, verteidigte Großvater das Steuerrad. »Ers mol wullt wi rut schippern, wo dat sicherer is.«

Großvater kannte sich aus. Wo jeder fremde Skipper sich erst einmal schlau gemacht hätte über die Tide, das heißt die exakten Ebbe- und Flutzeiten, war das bei Opa schon in Fleisch und Blut übergegangen. Er kannte jeden Priel, jede Sandbank, die es zu umschiffen galt, und jede Strömung.

Ohne zu murren ließen die Jungens deshalb zunächst mal den Großvater ans Ruder.

»Solang könnt ihr den Kurs bestimmen«, schlug er vor

und grinste die beiden an. »Wi wullt to Pellworm. Dat ist 146 Grad. Sacht mal an, wo dat is!«, forderte er schmunzelnd. Ben sah seinen Großvater verstört an. 146 Grad? Was sollte das bedeuten? Eine Backofen-Temperatur? Opa lachte rauh, laut und herzlich. »Das ist eine Richtungsangabe!«, wusste Frank aus mehreren Piratenfilmen. Aber was man mit einer solchen Angabe machte, wusste auch er nicht.

Großvater hielt den Jungs einen Kompass vor die Nase, auf dessen kreisförmigem Zifferblatt Zahlen von 0 bis 360 eingetragen waren.

»Null ist Norden«, erklärte Opa und richtete die Null so aus, dass sie mit der Kompassnadel in Deckung kam, die bekanntermaßen ja immer nach Norden zeigt. »Gegenüber ist Süden, also bei 180 Grad«, erläuterte Großvater weiter. »Und wo ist nun Westen und Osten?«, fragte er. Ben sah auf den Kompass und erkannte es sofort: Osten lag bei 90 Grad und Westen bei 270 Grad. Großvater lächelte zufrieden. Jetzt hatte auch Frank es begriffen. »Wenn Pellworm Richtung 146 Grad liegt«, las er vom Kompass ab, dann liegt das etwas weiter südlich als Süd-Ost. Genau dort!« Frank zeigte mit ausgestrecktem Arm die Richtung von 146 Grad an, direkt zur Mühle von Pellworm.

»So is dat!«, bestätigte Großvater und freute sich über den Lerneifer der Jungen.

»Volle Kraft voraus!«, schrie Frank gegen den Wind an. Allerdings war das nicht so einfach, wie Frank es sich vorstellte, denn exakt auf der Strecke von 146 Grad lag eine dicke, fette Sandbank im Weg. Jetzt bei der Flut konnte man

⇩

sie nicht sehen. Aber sie war da. Ben erinnerte sich, dass er sie bei Ebbe in dieser Richtung gesehen hatte.

»Tja«, machte Opa. »So is dat nun mal. Die müssen wir umschiffen. Und zwar genau dann, wenn der Leuchtturm mit meinem Haus in Deckung geht.«

Ben sah sich um und blickte zurück nach Langeneß. Er sah den Leuchtturm der Hallig und Großvaters Haus konnte er auch noch erkennen. Und er begriff, was Insel-Opa meinte. Je weiter sie fuhren, desto dichter rückten in ihrem Blickwinkel der Leuchtturm und Großvaters Haus zusammen. Großvater erklärte den Jungs, dass das ein alter Seefahrertrick war. Man orientierte sich an Fixpunkten, die man an Land sehen konnte. Entweder maß man mit dem Kompass die Position zweier Fixpunkte, so dass genau ein Schnittpunkt entstand, oder man hatte einen Standpunkt gefunden, von dem aus zwei Gegenstände aus dem Blickwinkel genau hintereinander, also in Deckung lagen.

»Toll, wir werden hier ja richtig zu Seefahrern ausgebildet!«, jubelte Frank. Segeln fehlte ihm noch in seiner Sammlung aktiver Sportarten. Begeistert stieß er Ben an: »Jetzt können wir schon jeden Punkt auf dem Wasser finden, wenn man uns nur den Richtungsgrad und die Fixpunkte nennt, die wir auszumessen haben. Irre, oder?«

Jeden Punkt auf dem Wasser finden? Ben blickte Frank mit großen Augen an, packte ihn schließlich an den Schultern und schrie: »Das könnte es sein!«

Frank zog verunsichert die Augenbrauen zusammen. Was war denn plötzlich in Ben gefahren?

»Das Rätsel!«, rief Ben erregt. »Das Puzzle, in dem am unteren Rand ›Grad‹ steht. Erinnerst du dich nicht?«

Frank erinnerte sich, kam aber nicht dahinter, welchen Zusammenhang dies mit ihren neuesten Erkenntnissen der Navigation zu tun haben sollte.

»Grad!«, brüllte Ben seinem Freund entgegen. »Das könnte eine Richtungsangabe sein. Und vielleicht ergibt das gesamte Puzzle ein Bild von der Gegend oder von Gegenständen, vielleicht von Fixpunkten?«, ereiferte sich Ben. »Dann würde das Rätsel eine Ortsangabe auf dem Wasser darstellen!« Ben war außer sich vor Aufregung.

Frank kam noch immer nicht ganz mit. Er hatte schon oft davon gehört, dass jemand durchs Internet surfte, hatte das aber immer für eine Redewendung im übertragenen Sinn gehalten. Weshalb sollte dort plötzlich eine reale Wasserroute angegeben sein? Das gab doch für ein Rätsel im Internet keinerlei Sinn!

»Richtig!«, stimmte Ben ihm zu. »Was aber, wenn das Rätsel im Internet gar kein Rätsel ist?«

»Dann ist *mir* das alles ein Rätsel!«, musste Frank zugeben, zuckte mit den Schultern und übernahm das Ruder des kleinen Segelbootes. Denn nun waren sie für kurze Zeit in relativ sicherem Gewässer. Stolz schipperte Frank das Boot durch die See, während Großvater zufrieden dessen erste Steuerübungen beobachtete. Ben dagegen befand sich in Gedanken schon längst wieder vor seinem Bildschirm.

Die Entdeckung

Als Ben sich zur verabredeten Zeit ins Chat-Programm einloggte, waren alle anderen schon da. Aufgeregt schnatterten alle durcheinander. Das heißt: In Wirklichkeit konnten sie ja nicht miteinander reden, sondern sich nur hin und her schreiben. Da das aber live und direkt übertragen wird und von den anderen Teilnehmern gesehen werden kann, spricht man bei dieser Art von schriftlicher Unterhaltung trotzdem von einem Gespräch.

Jeder der Schüler hatte einen kleinen Teil des Puzzles lösen können. Es überschlugen sich die Meldungen, wer welchen Teil entschlüsselt hatte und was auf den entsprechenden Bildern zu sehen war.

Ben schlug vor, dass alle ihre halb fertigen Puzzles per E-Mail an seinen Computer schickten. So kam Ben in die Lage aus den vielen teilfertigen Bildern ein großes Ganzes zu basteln.

Ben verabschiedete sich aus dem Chat und wartete auf die E-Mails. Pflichtgemäß nutzte er die Zeit um kurz in seinen virtuellen Unterricht zu schauen.

Wie weit kann man in einen Kreis hineinspringen?

Ben stöhnte laut auf. Diese Aufgaben begannen ihn zu nerven. Zugegeben, es kam nicht so sehr auf die Aufgabe an, als auf die Übung, sich übers Netz mit den anderen Schülern auszutauschen und zu beraten. Sinn der Unterrichtsstunde war also die Kommunikation und nicht die Lösung, aber ein wenig interessanter hätten die Aufgaben

⇩

schon sein dürfen, fand Ben. Schnell tippte er die Lösung in seinen Computer:

Bis zum Mittelpunkt, ab dann springt man wieder hinaus!

Und klickte sich aus. Die Kommunikation, die *er* zu leisten hatte, war wesentlich wichtiger.

Er empfing die einzelnen E-Mails, öffnete sie, formatierte die Dateien um und setzte Stück für Stück das Bild zusammen.

Es war ein eigenartiges Bild: ein Amateurfoto, so schien es, von einer Bucht irgendwo im Süden. Blaues Meer, eine Küste mit vielen Hotels, Häusern und so weiter. Über zwei Gebäude war jeweils ein Pfeil gemalt: eine Kirche und ein Turm. Die Pfeile standen so zueinander, dass ihre Enden einen Schnittpunkt ergaben. Unten am Bildrand war 210 Grad zu lesen. 210 Grad!

Ben dachte einen Augenblick nach, schnipste mit den Fingern und war sich plötzlich sicher. Er sprang auf, öffnete das Fenster und rief Frank zu sich, der draußen vor dem Haus gerade einen Lenkdrachen steigen lassen wollte. »Komm schnell!«, schrie Ben gegen den Wind an. »Ich hatte Recht!«

Frank faltete den Drachen wieder zusammen und stürzte hinauf ins Zimmer.

Ben zeigte auf den Bildschirm: »Wie ich gesagt hatte: Das Rätsel enthält eine Ortsangabe. Dort: 210 Grad. Wo die Kirche und der Turm sich decken. So interpretiere ich jedenfalls den Schnittpunkt der Pfeile hier!«

Frank nickte. Das konnte stimmen. Aber wozu? Was war das für ein eigenartiges Rätsel?
»Vielleicht«, spekulierte Ben, »geht es um einen Schatz oder sowas. Möglicherweise war das mit 20 Millionen gemeint? Und dies ist der Standort.«
»Wahnsinn!«, fand Frank. »Fragt sich nur, wo sich diese Küste befindet?«
Er legte leicht den Kopf zur Seite wie ein Wellensittich, der einem Geräusch lauschte, und gab schließlich einen Tip ab. »Klingt vielleicht albern«, räumte er vorneweg ein. »Aber vielleicht könnte das auf Mallorca sein?«
Ben zuckte mit den Schultern. Er hatte eine Menge Reiseprospekte gewälzt, als er gemeinsam mit seiner Mutter überlegt hatte, wohin sie in Urlaub fahren wollten. Er fand, Touristenküsten sahen überall gleich aus: ob Mallorca, Teneriffa, Portugal, Tunesien oder sonst was: Immer standen dichtgedrängt große, weiße Hotels mit riesigen Swimmingpools direkt vor dem Meer. Trotzdem: einen Versuch war es wert: Wozu hatten sie schließlich zwei Freundinnen, die sich gerade auf Mallorca herumlümmelten?
Ben sandte das Bild per E-Mail nach Mallorca.

Jennifer und Miriam waren verblüfft, als sie Bens Nachricht lasen. »Was soll das heißen, kein richtiges Rätsel?«, murrte Miriam. »Und gibt es dann auch keine richtigen zwanzig Millionen?«
»Ein Schatz im Wasser?«, versuchte Jennifer Bens Gedanken nachzuvollziehen. »Das ist doch Blödsinn.«
Miriam versuchte sich in die Motive des Rätselmachers

hineinzuversetzen. »Also, wenn ich wüsste, wo ein Schatz versteckt ist«, begann sie mit ihren Überlegungen, dann würde ich es entweder für mich behalten ...«

»... oder es jemandem heimlich mitteilen«, ergänzte Jennifer, die Miriams Gedanken folgen konnte. »Und es nicht im Internet verbreiten.«

»Es gibt noch ein Bild dazu«, bemerkte Jennifer, die bisher auch nur den Brief gelesen hatte.

Sie ließ sich Brief und Bild ausdrucken und nahm beides mit zum Strand. Schließlich wollte sie nicht so blass enden wie der Typ, dem sie regelmäßig begegneten.

Am Strand holte Jennifer beides wieder hervor um über Bens Vermutungen noch einmal nachzudenken. Sie entfaltete das Papier mit dem Bild darauf.

»Die 20 Millionen können wir in den Sand husten«, war sich Miriam bereits sicher. »Schade, dann muss ich eben doch einen Millionär heiraten!« MIt diesen Worten sprang sie auf, hüpfte von einem Bein aufs andere, weil der heiße Sand an den Füßen brannte, und peste ans Wasser.

»Hallo! Ist hier zufällig ein Millionär? Ich koooomme!«, schrie sie, während sie mit einem lauten Bauchklatscher in die Fluten sprang. Fünf andere Touristen, die sich gerade vorsichtig nass machten, zuckten erschrocken zusammen, als ihnen das Meerwasser über den Rücken spritzte. Jennifer lachte ihrer Freundin hinterher, die schon wieder den Kopf aus dem Wasser steckte und Jennifer wild zuwinkte.

»Haste nicht 'nen Millionär für mich?«, rief sie aus dem Wasser. Aber Jennifer konnte sie nicht verstehen. Vor ihr dröhnten deutsche Schlager aus einem Ghettoblaster. Hinter ihr feierte ein Westerwalder Kegelklub gerade feuchtfröhlich und vor allem laut den Geburtstag eines ihrer Mitglieder. Links neben ihr stritt sich ein deutsches Ehepaar mit einer englischen Familie darum, wer von ihnen mit dem Handtuch weiter zu rücken habe. Zwei Rentner beschwerten sich beim Eisverkäufer lauthals, dass in Spanien noch immer mit Pesetas statt mit deutscher Währung bezahlt werden musste. Schräg rechts davor kreischte ein kleiner Junge aus Dresden, weil eine Detmolder Badenixe mit der Figur eines See-Elefanten ihm versehentlich die Plastikschaufel zertreten hatte. Und mittendrin tapste in dicken Gummistiefeln die blasse Gespenstergestalt herum, die die beiden Mädchen schon so oft beobachtet hatten. Da war er also wieder!

Wie beim ersten Mal trug er einen Rucksack auf dem Rücken und ließ sich von einem Motorboot am Strand abholen.

Wieso startet der immer hier am Strand und fährt nicht vom Hafen los?, fragte sich Jennifer und gab Miriam einige Handzeichen um auf den Mann aufmerksam zu machen. Aber Miriam hatte ihn natürlich längst entdeckt. Sie antwortete Jennifer mit einer feixenden Grimasse und schwamm in Richtung des Bootes. Jennifer lachte, als sie das sah, erhob sich von ihrem Handtuch und lief zum Wasser um genauer beobachten zu können, was Miriam vorhatte.

Miriam schwamm rückwärts an das Boot heran, so als ob sie sich zufällig in der Nähe des Bootes befände und eigentlich nur die Sonne und das Wasser genießen wollte.

Der Mann stakte mit seinen Gummistiefeln vorsichtig durchs kristallklare Wasser, als sei es ein stinkendes, ge-

65

fährliches Moor. Miriam konnte es sich nicht verkneifen. Mit einem Satz sprang sie rückwärts und landete platschend und spritzend direkt neben dem Mann im Wasser. Der Mann zuckte angeekelt zusammen, als ihn die Dusche traf und rutschte aus wie beim ersten Mal. Da lag er schon wieder im Wasser, schlug mit den Armen um sich, spuckte und röchelte das salzige Wasser aus.

»T'schuldigung!«, murmelte Miriam und hätte vor Vergnügen beinahe ins Meer gepinkelt.

Jennifer am Strand schüttelte lachend den Kopf.

Der Bootsführer war es ja mittlerweile gewohnt, dass sein Fahrgast es nicht schaffte, trocken an Bord zu kommen, streckte wieder gutmütig seine Hand aus und half dem Mann hoch.

»Verflixt nochmal, diese verdammten Blagen«, zeterte der Bleiche, noch während er mühsam sein Hinterteil ins Boot walzte. Kaum hatte er sich aufgerichtet, griff er hektisch in seine Hemdtasche. »Das dachte ich mir!«, schimpfte er. Erbost sah er auf einen aufgeweichten Zettel in seiner Hand. »Alles verwischt!«

»Nicht schlimm!«, bemühte sich der Bootsführer den Mann zu beruhigen.

Miriam wollte es eigentlich gar nicht. Irgendwie ganz automatisch wurden ihre Ohren immer größer und sie rückte immer dichter an das Boot heran. Die Neugier hatte sie gepackt. Sie verstand jetzt jedes Wort des Dialogs.

»Nicht schlimm?«, schnauzte der Bleiche den Bootsführer an. »Da stand die Positionsbeschreibung drauf, verdammt! Wir haben uns gestern schon verfranzt!«

»Wir werden besser suchen!«, versprach der Bootsführer besänftigend.

»Ha!«, stieß der Bleiche giftig aus. »Besser suchen! Besser zuhören würde ich sagen. Denn die Position, die ich Ihnen nannte, stimmte. Diesmal habe ich es Ihnen extra noch mal aufgeschrieben. Hier!« Unglücklich betrachtete er das matschige Papierknäuel in seiner Hand. »Also gut«, fuhr er fort, während er das aufgeweichte Papier über Bord schmiss. »Ich sage es Ihnen noch einmal ganz deutlich, aber halten sie diesmal den Kompass richtig herum!«

Der Bootsführer nickte. Trotz der Standpauke, die er gerade erhalten hatte, machte er einen recht unbekümmerten Eindruck. Vielleicht hatte er entgegen seinen Beteuerungen doch nichts verstanden. Immerhin hatte der Bleiche sich nicht die geringste Mühe gemacht in einer anderen Sprache als Deutsch zu reden. Er setzte einfach voraus, dass ihn der mallorquinische Bootsführer verstand, als sei die spanische Insel das siebzehnte deutsche Bundesland.

Miriam griff instinktiv nach dem Zettel. Das war wie in der Schule. Wenn dort bei der »Stillen Post« von einem Schüler zum anderen ein Brief herunter fiel, musste die neugierige Miriam ihn unbedingt erst einmal lesen. Sie faltete das matschige Etwas auseinander, aber es war leider kaum noch etwas zu erkennen. Nur eine verwaschene Zahl. 210 oder so. Vielleicht war das aber nur der Beginn einer längeren Ziffer gewesen. Achtlos warf sie den Zettel wieder fort und signalisierte Jennifer, dass sie auch ins Wasser kommen sollte.

Aber Jennifer stand am Strand und winkte ihrer Freundin wild zu. Widerwillig stakste Miriam aus dem Wasser, konnte es sich aber nicht verkneifen, dabei mit den Händen Jennifer nass zu spritzen.

»Lass mal!«, forderte Jennifer sie auf. »Schau mal hier!« Sie hielt Miriam ein Stück Papier entgegen.

Miriam nahm es in ihre nasse Hand, betrachtete es kurz und zuckte mit den Schultern. »Na, und? Das ist das Bild, das Ben uns geschickt hat. Was ist damit?«

Jennifer grinste, packte mit der Hand Miriams Kinn und drehte ihren Kopf in eine bestimmte Richtung. »Ich sehe was, was du nicht siehst!«, flötete sie dabei fröhlich.

Doch Miriam sah es jetzt auch. Schnell drehte sie ihren Kopf zurück, sah wieder auf das Papier in der Hand, hob den Kopf in die Höhe und guckte in die Ferne. Das machte sie dreimal hintereinander. Dann endlich hatte sie ihre Sprache wiedergefunden.

»Das gibt's ja nicht«, staunte sie.

Doch, das gab es. Miriam erkannte, dass die Küste, die sie vor ihren Augen sah, exakt die gleiche war wie auf dem Bild, das sie in der Hand hielt. Sogar die Position stimmte. Der Rätselmacher musste die Aufnahme von der Küste ziemlich genau von dieser Stelle aus gemacht haben, an der die Mädchen jetzt standen.

»Affenscharf!«, hauchte Miriam. »Du meinst, hier in der Nähe sind 20 Millionen Mark versteckt?«

»Nur wenn Bens Vermutung stimmt!«, schwächte Jennifer ab.

»Das trifft sich ausgesprochen gut«, lachte Miriam. »Hier scheint's nämlich sonst keine Millionäre zu geben!«

Miriam sprang wieder beherzt ins Wasser. Unter Spritzen

und Plantschen feixte sie: »Wenn wir Ben nachher mitteilen, was wir entdeckt haben, sieht er die nächsten drei Tage aus wie ein Weihnachtskarpfen: Maul auf und sprachlos!«

Jennifer verstaute schnell das Papier an ihrem Platz und stürmte zu ihrer Freundin in die Fluten. Ausgelassen badeten und tobten die beiden bis in den Abend hinein und beinahe hätten sie das gemeinsame Abendessen mit Miriams Eltern verpasst. Von dort ging es dann auf schnellstem Wege zurück zum Campingplatz. Denn die Mädchen wollten sich noch das Salz von der Haut und aus den Haaren waschen und für den Abend zurecht machen. Und dann wurde es auch schon Zeit auf die Piste zu gehen. So ein Urlaub war schon mit einigem Stress verbunden, wenn man das Beste nicht versäumen wollte. So jedenfalls sah der Plan von Miriam und Jennifer aus, doch es kam mal wieder alles anders.

Kaum waren sie durch das Eingangstor des Campingplatzes geschlendert, als Jennifer schon von weitem erkannte, dass da etwas nicht stimmte.

»Hast du heute Morgen das Zelt nicht zugemacht?«, fragte sie Miriam.

Miriam sah ihre Freundin irritiert an: »Du warst doch als Letzte im Zelt, weil du deinen Fotoapparat vergessen hattest.«

Jennifer erinnerte sich. Jetzt fiel ihr auch wieder ein, dass sie ganz bestimmt den Reißverschluss zugezogen hatte.

Sie näherten sich dem offenen Zelt. Jennifer sprang vor, warf sich auf die Knie und schaute ins Zelt. Ein einziger Blick genügte ihr um festzustellen: »Hier ist jemand drinnen gewesen!«

»Mach keinen Quatsch!«, rief Miriam entsetzt. »Ich hatte einen Teil meines Geldes im Zelt liegen!«

Sie steckte neben Jennifer den Kopf ins Zelt und erschrak. Beide Rucksäcke waren restlos entleert. Ihre gesamte Kleidung lag wild durcheinander gewühlt im Zelt verteilt. Alle Seitentaschen der Rucksäcke waren geöffnet und entleert, die Schlafsäcke beiseite geworfen, an den Hosen und Kleidern die Taschen von innen nach außen gekehrt.

»Hier hat jemand etwas verzweifelt gesucht!«, stellte Jennifer fest.

Miriam atmete tief durch. Mit einem Blick in ihre kleine Handtasche gab sie erleichtert bekannt: »Aber nicht alles gefunden: Mein Geld ist noch da. Gott sei Dank!«

Jennifer verstand die Welt nicht mehr. »Was hat der Einbrecher dann gesucht, wenn nicht unser Geld? Der wird kaum gekommen sein um sich ein Kleid bei uns auszuleihen.«

»Mm«, grübelte Miriam. Soweit sie es überblicken konnte, fehlte nichts. Ihre Markenjeans waren ebenso noch vorhanden wie die teuren Turnschuhe, das Geld war da und auch von ihrem Schmuck fehlte nichts.

Jennifers kurze Inventur ihres Hab und Guts ergab das Gleiche. »Alles da!«, stellte sie fest.

Miriam fackelte nicht lange. Forsch klapperte sie die benachbarten Zelte ab und befragte die Touristen, ob ihnen irgendetwas aufgefallen war, sie den Eindringling vielleicht sogar beobachtet hatten. Aber niemand hatte etwas bemerkt.

»Die können dir hier das Zelt unterm Hintern wegklauen, das würde diesen Deppen nicht affallen«, schimpfte Miriam, als sie von ihrem Verhörspaziergang zurück war.
»Was könnte der Eindringling von uns gewollt haben?«, fragte sich Jennifer.
So sehr die beiden Mädchen auch überlegten, ihnen fiel keine passende Antwort auf diese Frage ein. Aber sie nahmen sich vor, künftig etwas besser aufzupassen, ob sie von jemandem beobachtet wurden.
Miriams Eltern gegenüber verschwiegen sie den Vorfall. Die hätten sie glatt ins Hotel zurückgeholt. Das wollten Jennifer und Miriam um jeden Preis vermeiden. Sie genossen ihre Freiheit, selbst — oder vielleicht auch gerade — wenn sie mit einigen Gefahren und Risiken verbunden sein sollte.
Aber den Jungs sandten sie selbstverständlich die aufregende Nachricht sofort per E-Mail. Und um zu beweisen, dass es ihnen trotzdem gut ging, machten sie noch ein weiteres Foto mit der digitalen Kamera. Leider vergaßen sie dabei völlig, den beiden mitzuteilen, dass sie am Nachmittag das Rätsel des Bildes gelöst hatten.

Ben und Frank staunten nicht schlecht, als sie von dem Abenteuer der Mädchen lasen. »Mann, ich wusste gar nicht, dass Mallorca so ein gefährliches Pflaster ist«, sorgte sich Ben, nachdem er den Brief gelesen hatte und das Programm startete, mit dem er das Bild der beiden Mädchen sehen konnte.
Trotz aller Bemühungen wirkte das Foto bei weitem nicht so fröhlich wie das erste, das die Jungs erhalten hatten.

Zwar winkten und lachten Miriam und Jennifer auch jetzt vergnügt, aber irgendwie schien es gestellt, künstlicher.

»Hoffentlich geht es ihnen wirklich so gut wie sie behaupten«, murmelte Ben nachdenklich. »Wirklich schade, dass mit dem Internet-Café keine Videokonferenz möglich ist wie mit meiner Ferien-Schulklasse«.

Die Firma von Franks Vater hatte für das Schulprojekt die beste Technik ausgewählt, die zur Zeit auf dem Markt war — und manche Teile waren noch nicht einmal das. Da konnte das Internet-Café auf der Urlaubsinsel natürlich noch nicht mithalten. Eine Videokonferenz war nicht möglich. Das Äußerste, was aus der Technik dort herauszuholen war, waren Fotos. Dazu musste im Internet-Café die Kamera auf Dauerbetrieb geschaltet werden, so dass der digitale Fotoapparat dann etwa alle drei Minuten ein neues, aktuelles Bild ins Netz speiste. Die Beobachtung eines Raumes oder einer Gegend wirkte dann wie eine unendlich langsame Diashow.

»Aber besser als nichts«, fand Ben. »Ich werde die Mädchen mal fragen«. Sofort tippte er die E-Mail an die Mädchen. Anschließend machte er sich wieder an das Rätsel.

Ob schon wieder eine neue Aufgabe vorlag?

Den Mädchen ging währenddessen der Einbruch nicht mehr aus dem Kopf. Weshalb war der Unbekannte gekommen, wenn er nichts gestohlen hatte? Es gab nur eine Erklärung: Er hatte etwas gesucht, was er nicht fand. Aber was gab es bei ihnen schon zu suchen? Oder sollten sie nur geärgert werden? Gab es einen verrückten Verehrer, der ihnen erst Angst einjagte um sich dann im richtigen Moment als Retter der Mädchen, als Held in der Not aufzuspielen? Es war Miriam, die diesen Gedanken äußerte. Jennifer schüttelte ungläubig den Kopf. »Ich kann mir nicht vorstellen, dass jemand so dämlich ist und sich dann noch einbildet, wir würden auf ihn fliegen!«, überlegte sie. »Dass Mädchen männliche Beschützer brauchen, steht in den Kinderbüchern meiner Mutter. Aber das ist schon ein halbes Jahrhundert her.«

Miriam grinste. Wenn das Jennifers Mutter gehört hätte! Die war gerade mal 40 Jahre alt.

Auf jeden Fall blieb der Einbruch in ihr Zelt den Mädchen ein Rätsel. Weil ihnen nichts Besseres einfiel, beschlossen sie José im Internet-Café zu fragen. Immerhin hatte er unablässig ein Auge auf Jennifer geworfen. Wenn jemand die beiden Mädchen auf dem Kieker hatte, könnte José es bemerkt haben.

Doch dieser geniale Einfall mündete ebenfalls in eine Sackgasse. José zuckte mit den Schultern und schwor, dass ihm nichts aufgefallen war, nicht ohne im gleichen Atemzug zu bemerken, dass er ab jetzt besonders aufpassen würde und Jennifer sich jederzeit an ihn wenden könnte, wenn sie Hilfe brauchte.

Jennifer sah dem Kellner argwöhnisch ins Gesicht. Könnte er der Spinner sein, der den Einbruch inszeniert hatte um sich jetzt als Beschützer einzuschleimen? Sie beschloss ihm durch die Blume mitzuteilen, dass er dann gehörig auf dem Holzweg war. »Danke!«, sagte sie knapp. »Ich halte nichts von männlichen Beschützern!«

⇩

73

⇩
74

»Auch gut«, befand der Kellner. »Ich wollte nur sagen: Auf mich kannst du dich verlassen, wenn du mich brauchst.« Jennifer huschte ein leichtes Lächeln übers Gesicht. Das war wieder sehr nett formuliert. So einer machte doch nicht solchen Unsinn. Oder doch? Es war schon verzwickt. Ein einziger Vorfall reichte, dass man plötzlich allen möglichen Menschen misstraute, stellte Jennifer betrübt fest. Was immer der Einbrecher gewollt hatte, sein Besuch hatte Wirkung gezeigt. Das wiederum machte Jennifer wütend. Sie hatte keine Lust sich ihren Urlaub vermiesen zu lassen, weil irgendein Verrückter sich heimlich an ihrem Zelt zu schaffen gemacht hatte. Ärgerlich setzte sie sich vor ein Terminal und schaute nach, ob es Post von Ben gab.

Frank legte sich noch eine dicke Scheibe Salami auf sein Schwarzbrot. Das musste man Bens Großvater lassen: Von einem anständigen Abendbrot verstand der was. Genüsslich biss er in die dick belegte Stulle, als Ben — wie immer zu spät — zum Essen hereingeplatzt kam.

»Sie haben's gemacht!«, freute er sich.

»Toll!«, antwortete Frank schmunzelnd. Er hatte nicht die geringste Ahnung, wovon Ben sprach.

Ben verstand die Anspielung und antwortete: »Na, die Bilder! Jennifer hat die Kamera auf Dauerbetrieb gestellt — zumindest für die Zeit, in der sie sich im Internet-Café befinden. Mal gucken, ob mein Browser das alles automatisch speichert.«

Frank sah ihn verdutzt an: »Du bist jetzt die ganze Zeit online?«

Ben ließ seinen Blick gen Himmel schweifen. »Natürlich nicht. Aber alle sechs Minuten startet mein Programm automatisch, wählt sich ein, lädt das Bild, schaltet sich wieder aus. Wenn ich jetzt eine gute halbe Stunde zu Abend esse, hat das Programm automatisch fünf Bilder geladen. Toll, nicht wahr?«

Frank grinste verschmitzt. »Absoluter Wahnsinn«, machte er sich über seinen Freund lustig. »Ein Meilenstein in der weltweiten Kommunikation. Warum telefoniert ihr nicht einfach miteinander?«

Ben winkte ab. Was sollte er sich den Mund fusselig reden um einem Sportler technische Finessen schmackhaft zu machen?

»Ich mache noch einen Dauerlauf«, gab Frank bekannt, nachdem er die vierte Scheibe Brot verzehrt hatte und sich gerade die fünfte schmierte.

Ein gefundenes Fressen für Bens Rache: »Das ist allerdings eine wirklich sinnvolle Freizeitbeschäftigung«, lästerte er. »Immer im Kreis herum laufen. Warum kaufst du dir nicht gleich ein Karussell?«

Die Mädchen bestellten sich noch eine Cola im Internet-Café. Dass in diesem Moment wieder der blasse Mann den Raum betrat, beachteten sie nicht. Sie hatten weder Lust ihn zu beobachten, noch darauf, über den bleichen Mann zu lachen. Sie waren einfach nicht in der Stimmung dazu. Außerdem wurde es mit der Zeit langweilig, immer die gleichen Späße zu machen.

Der blasse Mann wollte sich an den Bildschirm setzen, an

dem gerade noch José die Kamera auf Dauerbetrieb für die nächste halbe Stunde eingestellt hatte. Miriam wies den Mann höflich darauf hin, dass das Terminal besetzt sei.

»Wieso?«, knurrte ihnen der Mann entgegen. »Ihr beschäftigt euch doch gar nicht damit.«

»Trotzdem!«, antwortete Miriam knapp. Sie wollte dem Herrn nicht gerade auf die Nase binden, weshalb er sich nicht daran setzen durfte, denn natürlich war die Dauereinrichtung der Kamera ein kleiner unerlaubter Sondereinsatz gewesen, den José nur den Mädchen zuliebe gewagt hatte.

»Papperlapapp«, meckerte der Mann, setzte sich und wollte gerade lostippen.

Miriam sprang dazwischen. »Das geht nicht!«, fauchte sie.

Jennifer winkte schnell nach José, der — weil er ja Jennifer nie richtig aus den Augen ließ — blitzartig herbei eilte. Jennifer erklärte ihm die Lage und nun bemühte sich José, den Mann vom Terminal wegzulotsen. Er wies auf einen freien Computerplatz, direkt einen Tisch weiter.

»Blödes Getue!«, zischte der Mann giftig. »Dämliche Pubertätssäuselei! Beknackte Gackermädchen! Wenn man mal etwas Wichtiges zu tun hat, dann ...«

Er brach im Satz ab und biss sich auf die Lippen.

Miriam stieß einen verächtlichen Lacher aus. »Ha, was Wichtiges!« Was konnte einer im Urlaub denn schon Wichtiges zu tun haben?

Kurz bevor der Mann seinen Ersatztisch erreicht hatte, drehte er sich noch einmal um. Seine Augen blitzten Miriam an, seine Mundwinkel zogen kräftig die Gesichtsmuskel hinab. »Sehe ich etwa aus, als ob ich Urlaub mache? Du dumme Göre!«

Miriam schwieg. Nein, wie ein Urlauber sah der Mann in der Tat nicht aus. Aber zum Arbeiten war das hier gewiss kein Ort. Was sollte man hier schon arbeiten, außer für den Tourismus? Der Mann wandte sich seinem Terminal zu und startete den Internet-Browser.

Das Gleiche tat Ben zur selben Zeit. Sein Programm hatte funktioniert. Der Reihe nach lud er die fünf Fotos aus dem Mallorquiner Internet-Café und betrachtete sie in Ruhe: Auf dem ersten standen Miriam und Jennifer an einem Tisch und unterhielten sich mit einem jungen Kellner. Offenbar bestellten sie etwas. Ben fiel auf, dass Miriam den Mund geöffnet hatte, also scheinbar etwas sagte, der Kellner dabei aber Jennifer ansah, obwohl die den Mund geschlossen hatte. Seltsam, fand Ben und blätterte weiter aufs nächste Foto. Wer war das denn? Ein unendlich bleicher Mensch saß am Tisch, direkt vor der Kamera, mit der die Fotos aufgenommen wurden. Hinter ihm stand Miriam, die ihn an den Schultern gepackt hielt und sehr aufgeregt erschien.

Auf dem dritten Bild sah er den Mann nur von hinten. Er setzte sich gerade an einen anderen Tisch. Jennifer und Miriam, die jetzt jede eine Cola in den Händen hielten, sahen ihm nach. Und der Kellner war auch schon wieder da. Immer noch guckte er Jennifer an, bemerkte Ben ärgerlich.

»Mal sehen, ob Señor Glotzauge auch im nächsten Bild meine Freundin angafft«, zischelte Ben vor sich hin.

Tatsächlich! Der Typ wich ja gar nicht mehr von ihrer Seite! Wieso hatte Jennifer in all den E-Mails davon nichts erzählt? Auch hatte er das Gefühl, dass der Kellner jetzt viel dichter an Jennifer stand als fünf Minuten zuvor. Fünf Minuten! Wieso war der überhaupt noch da? Die Mädchen hatten ihre Cola doch schon längst! Woher nahm der in der Hochsaison die Zeit fünf Minuten dort stehen zu bleiben?

»Oh Mist!«, sagte jemand im Zimmer.

Ben fuhr erschrocken herum. Hinter ihm stand Frank und hielt sich die Seite. »So kurz nach dem Essen loszulaufen, das sollte man nicht machen. Jetzt habe ich Seitenstiche«, jammerte Frank.

»Ja, ja«, antwortete Ben mürrisch. »Sieh dir lieber das hier an!« Wütend erklärte er Frank, was er entdeckt hatte: einen schmierigen, gelackten Kellner, der sich an Jennifer heranmachte — und das völlig ungeniert vor der digitalen Kamera!

Frank lachte laut auf. »Ben als eifersüchtiger Liebhaber!«

»Quatschkopf!«, stieß Ben zwischen den Zähnen hervor und wechselte aufs fünfte Bild. »Unverschämtheit!«, brüllte er, als das Foto geladen war.

Frank sah irritiert zu seinem Freund.

»Der ist ja immer noch da!« Heftig stieß Ben mit dem Zeigefinger auf den Monitor, als ob er durch den Bildschirm hindurch den Aufdringling wegschubsen wollte. »Zehn Minuten, nachdem er die Cola gebracht hat! Hat der nichts zu tun oder was?«

Frank lachte seinen besten Freund hemmungslos aus. »Deine Sorgen möcht ich haben«, sagte er, stellte sich hinter Ben, legte seine Hände auf dessen Schultern und be-

trachtete die Fotos, die Ben nebeneinander auf dem Bildschirm geöffnet hatte.
»Kannst du die größer machen?«, fragte er.
»Was?«, erregte sich Ben. »Den Schnösel auch noch vergrößern?« Dann machte er es aber doch und Frank betrachtete die nun bildschirmfüllenden Fotos nacheinander.
»Liebe scheint doch blind zu machen«, lachte er schließlich.
»Erzähl mir nichts«, schnaufte Ben. »Was ich sehe, sehe ich!«
»Aber nur, wenn du auch wirklich hinguckst«, entgegnete Frank. »Da, Bild 3.« Er tippte mit dem Zeigefinger auf die Colaflasche in Jennifers Hand. »Ihre Colaflasche ist ein Viertel gefüllt«, stellte er fest. »Richtig?«
Ben nickte.
»Nächstes Bild!«, forderte Frank
Ben lud Bild 4, formatfüllend.
»Und dort ist ihre Colaflasche dreiviertel voll«, zeigte Frank. »Jennifer hat ja viele positive Eigenschaften, aber auch bei ihr wird eine Cola beim Trinken leerer und nicht voller!« Da war Frank sich ganz sicher! »Der Kellner stand nicht die ganze Zeit da. Er war weg und kam wieder, weil die Mädchen neue Cola bestellt hatten«, erklärte er.
Ben musste zugeben, dass Frank richtig beobachtet hatte, trotzdem. Irgendwie grummelte es in seinem Bauch. Als wollte er Franks Theorie vorsichtshalber noch einmal einer Prüfung unterziehen, betrachtete er nach der gleichen Methode auch Miriams Colaflasche. Auch ihre Flasche war im vierten Bild voller als im dritten, und das hieß ...
»Moment mal!«, rief Ben plötzlich. »Spinne ich, oder was?«

»Natürlich spinnst du«, antwortete Frank fröhlich. »Was hast du denn jetzt wieder entdeckt? Vielleicht noch einen Liebhaber unter dem Tisch?«

»Nein«, stammelte Ben leise. »Aber einen Narren im Computer!«

»Ha, ha, du meinst, vor dem Computer.« Lachend zeigte Frank auf Ben.

»Quatsch keine Opern!«, unterbrach Ben ihn. »Sieh doch hier!« Zwei, drei Mausklicke genügten um das Foto weiter zu vergrößern. Er zeigte auf einen Bildschirm, der am Tisch hinter Jennifer, Miriam und dem lästigen Kellner — auf dem zweidimensionalen Bild direkt neben Miriams Colaflasche — zu sehen war. Und auf diesem Bildschirm lachte ihnen Till Eulenspiegel entgegen!

»Da arbeitet einer an unserem Rätsel!«, rief Ben! »Mitten auf Mallorca!«

Drohung in der Nacht

Miriam hockte auf der Mauer, die Straße und Hafenstrand voneinander trennte, ignorierte für einen Moment den ohrenbetäubenden Lärm, der aus den umliegenden Kneipen, Restaurants, Discos, Imbissbuden dröhnte und auch von den Mopeds, Mofas und Autos verursacht wurde, die zwischen all diesen Einrichtungen hin und her jagten. Es war unerklärlich: Die Touristen wohnten in den Hotels, die dicht an die Strände gebaut waren, badeten an diesen Stränden und vergnügten sich abends in den umliegenden zahlreichen Gaststätten. Und trotzdem mieteten sie alle Autos. Offenbar nur um damit abends von einer Kneipe in die andere zu düsen, obwohl die nur wenige Meter voneinander entfernt waren. Die Straßen waren so voll wie in Deutschland am Freitagnachmittag nach Büroschluss.

Miriam blickte aufs Meer hinaus. Dort herrschte jetzt am späten Abend eine himmlische Ruhe. Niemand traute sich in der Dunkelheit aufs schwarze Wasser, obwohl es ruhig und seicht vor sich hin plätscherte und seine Wellen leise auf dem Ufersand des Strandes ausrollten. Niemand — außer einer Gruppe von je zwei jungen Männern und Frauen, die die Leere nutzten um nackt baden zu gehen.

Die beiden Pärchen fassten sich bei den Händen und liefen lachend in das kühle Wasser, wo sie sich nass spritzten wie kleine Kinder im Planschbecken. Sie juchzten und lachten, als hätten sie nach zehn Jahren Badeverbot endlich die Erlaubnis erhalten ins Wasser zu gehen. Die ganze Kühle, die Miriam tagsüber so oft an den Erwachsenen beobachtet hat-

⇩

81

te, war verschwunden: Die Frauen in ihren neonfarbenen, knappen Badeanzügen, die sich alle fünf Minuten Wasser oder Öl über die Haut kippten, damit sie noch schneller bräunte! Oder wie sie hoch erhobenen Kopfes ins Meer staksten wie Flamingos und sich kaum zu bewegen wagten, damit die gestylte Fönfrisur nicht durcheinander geriet! Die derben Typen in den Muskelshirts und mit ihren verspiegelten Sonnenbrillen, die am Strand nur deshalb Volleyball spielten, weil es die unauffälligste Möglichkeit war, ihre antrainierten Muskeln vorzuführen! Aus den Schausteller-Figuren vom Tage waren glückliche Kinder geworden, die zu viert im niedrigen Wasser knieten und sich fröhlich mit Schlamm bewarfen.

Miriam genoss das Bild, als Jennifer vom Internet-Café zurück kam und das Neueste von Ben erzählte.

Miriam konnte es kaum glauben, was Jennifer berichtete: Das Käsegesicht arbeitete an dem gleichen Rätsel wie Ben? Sie musste lachen: »Deshalb ist der so nervös? Der glaubt offenbar ernsthaft, die 20 Millionen Mark abzuzocken. So ein Träumer! Und so etwas nennt der wichtige Arbeit!«

»Ja«, stimmte Jennifer nachdenklich zu, »nur ...«

»Nur was?«

»Ben meinte doch, es handle sich gar nicht um ein Rätsel!«

»Ha!«, quietschte Miriam vergnügt. »Da wird die Enttäuschung von diesem Bleichgesicht umso größer ausfallen, wenn er das mitbekommt.«

»Arme, hässliche Käseschnute«, schmunzelte Jennifer. »Vielleicht sollten wir es ihm sagen?«

»Ja, aber morgen!«, bestimmte Miriam. »Heute habe ich nicht meinen sozialen Tag, sondern einen vergnüglichen Abend. Komm, wir gehen in die Disco. Es wird Zeit, dass ich mir endlich mal einen knackigen Jungen angle! Und morgen sagen wir dann König Bleichgesicht, dass wir wissen, wo ein Schatz vergraben ist. Aber nur, wenn wir gute Laune haben.«
Jennifer blieb abrupt stehen.
Miriam drehte sich nach ihr um. »Was ist denn jetzt schon wieder?«
»Ich habe ja schon wieder ganz vergessen, Ben zu erzählen, dass wir den Ort seines Bildes entdeckt haben!«

Kurz bevor Ben schlafen ging, schaltete er noch einmal den Computer ein. Vielleicht gab es ja schon eine Antwort von Jennifer?
Statt dessen lag eine Nachricht von Thomas vor. Ben hatte ihn mit dem Rätsel auf dem Laufenden gehalten und ihn auch von seiner neuesten Vermutung in Kenntnis gesetzt, dass das Rätsel bloß eine Tarnung sein könnte. Damit, dachte Ben, wäre für Thomas die Sache erledigt. Wo es nichts zu holen gab, war für Thomas das Interesse meist sofort beendet. Diesmal aber hatte Ben sich getäuscht:

Hallo Ben!
Ist ja total irre, was du da geschrieben hast.
Von wegen Navigation und so.
Kann ich mir auch gut vorstellen.
Bestimmt heimliche Schatzsucher am Werk!!
Das glaube ich auch!

**Sollten wir uns unbedingt dran hängen!
Lass mal ein paar Infos rüberwachsen!
Bis bald
Thomas**

»Typisch Thomas!«, kommentierte Ben. »Den werden wir nicht wieder los, bis wir den Schatz geborgen haben!«
Frank lachte. »Ja, ja. Wir bergen einen Schatz, den vorher noch niemand entdeckt hat. Wir sind hier doch nicht bei Enid Blyton!«
»Na, zwei Jungen und zwei Mädchen, würde aber hinkommen«, lachte Ben. »Thomas müsste sich noch als Papagei verkleiden.«
»Super!«, johlte Frank. »Dann würde uns bestimmt auch mal jemand verfilmen.«
In diesem Moment erschien mit einem leisen Piepton ein kleines Fenster auf Bens Bildschirm.

Hey, Ben. Du bist ja noch online. Genial!

las Ben und wusste: Das war Jennifer, die ihn da rief! Zum ersten Mal waren sie zeitgleich auf Sendung und konnten sich jetzt direkt unterhalten.
Jennifer beichtete ihm, welche Sensation sie ihm bisher verschwiegen hatte.
»Was?«, schrie Ben so laut, dass Frank erschrocken aus der Dusche gepest kam.
»Wir wissen, wo das Foto aufgenommen wurde!«, rief Ben seinem Freund zu. »Es ist direkt der Strand bei Jennifer und Miriam!«

»Unfassbar!«, entfuhr es Frank. Nackt dackelte er zu Ben, sah gemeinsam mit ihm gebannt auf den Bildschirm und las:

Genaueres wissen wir auch noch nicht.
Aber immerhin das.
Es kam zu viel dazwischen mit dem Einbruch und so!

»Ja«, knurrte Ben, »und mit dem süßen Kellner und so«. Er schrieb es aber nicht, denn er ahnte, dass er Jennifer damit unrecht tat. Und so tippte er statt dessen:

Gut, ich teile es den anderen mit.
Gemeinsam kommen wir sicher eher darauf,
was das alles zu bedeuten hat.
Tschüs, meine Liebste.

OK. Tschüs+Küsschen, mein Lieber

kam die Antwort.

»Oh je«, jetzt wird wieder gesäuselt!«, stöhnte Frank. »So was Langweiliges!«

Ben drehte sich nach seinem Freund um. »Wieso langweilig?«, fragte er scheinheilig. »Unsere kleine Kamera war doch die ganze Zeit angeschaltet. Und so, wie du da stehst, wurde es ihr und den anderen in dem Café bestimmt nicht langweilig.«

Frank wurde erst jetzt bewusst, dass er die ganze Zeit splitternackt vor dem Computer gestanden hatte. Seine Ohren wurden puterrot.

Ben grinste frech.

»Das ist nicht dein Ernst!«, flüsterte Frank heiser.

Ben beruhigte seinen Freund lachend. »Nein, ist es nicht. Das geht gar nicht mit dem Café. Entweder chatten oder Bild überspielen!«, erklärte er.

»Du Schurke!«, antwortete Frank erleichtert, schnappte sich ein Kissen und schlug es Ben vors Gesicht.

Damit war die Schlacht eröffnet und sie dauerte noch lange an.

Erst spät in der Nacht legte Ben sich schlafen, nachdem er an alle seine Mitschüler die neuesten Nachrichten gemailt hatte. Frank schnarchte zu diesem Zeitpunkt schon selig.

Spät nachts war es auch, als Jennifer und Miriam von ihrer Discotour endlich heim kamen.

»Hast du den netten Jungen in der grünen Jacke gesehen?«, fragte Miriam.

»Klar!«, antwortete Jennifer und gähnte laut. »Du bist ja den ganzen Abend hinter ihm hergelaufen!«

»Unsinn!«, behauptete Miriam.

»Warum hast du ihn nicht einfach angesprochen?«, wollte Jennifer wissen. »Du bist doch sonst nicht so schüchtern!«

»Schüchtern!« Miriam spie dieses Wort verächtlich aus. »Ich bin doch nicht schüchtern! Aber es wäre taktisch falsch, sich gleich am ersten Abend einem Jungen an den Hals zu werfen. Der bildet sich dann ja gleich sonstwas ein. Den bereite ich langsam auf sein Glück vor!«

Jennifer schüttelte den Kopf über soviel Abgebrühtheit. Sie nahm das Handtuch vom Zeltdach, das sie am frühen Abend zum Trocknen darüber gelegt hatte, und starrte auf die Spitze der vorderen Zeltstange.

»Scheiße!«, flüsterte sie.

Miriam, die sich gerade die Schuhe ausziehen wollte, kam aus ihrer gebückten Haltung hervor.

»Sieh dir das an!« Jennifer zeigte auf einen kleinen Zettel, der auf die Zeltspitze gespießt war wie ein alter Kassenbon. Beinahe hätten die Mädchen den Zettel gar nicht bemerkt. Aber er war noch groß genug, so dass man ihn, ohne ihn herunterzunehmen, lesen konnte:

Letzte Warnung!

Mehr nicht. Keine Erklärung, keine weitere Drohung, kein Absender, nichts, nur: Letzte Warnung.

»Was soll der Quatsch?«, fragte Miriam in die Nacht hinein.

Jennifer öffnete ängstlich den Reißverschluss des Zeltes. Und obwohl sie schon innerlich mit etwas Schlimmem gerechnet hatte, fuhr sie dennoch erschrocken zusammen. Kaum hatte sie den Reißverschluss nach unten gezogen, kam etwas entgegen geflogen.

Jennifer schrie auf, machte einen Satz nach hinten, sah gebannt auf das Zelt und hielt die Luft an.

Mehrere Nachtfalter kamen aus dem Zelt heraus geflattert.

Jennifer atmete tief durch.

Miriam öffnete langsam eine Zeltwand und sah hinein. Sie konnte im Dunkeln wenig erkennen und ihre Taschenlampe lag im Schlafsack. Sie wagte nicht sie zu holen. Wer wusste schon, was sie dort erwarten würde?

»Siehst du was?«, fragte Jennifer leise und wagte sich wieder einen halben Schritt näher ans Zelt heran.

»Nicht viel«, gab Miriam zu, ging langsam in die Hocke, wartete und setzte sich schließlich auf die Knie.

Einige weitere Falter kamen aus dem Zelt geflogen.

»Irgendjemand hat es darauf angelegt, uns zu erschrecken«, kombinierte Miriam.

»Und sich dabei auch reichlich Mühe gegeben. So viele Falter fängt man nicht mal eben so!«

Miriam wagte sich ein paar Zentimeter weiter vor. Langsam suchte ihre Hand nach dem Schlafsack, schlüpfte hinein um nach der Taschenlampe zu tasten.

Mit einem grellen Schrei sprang sie plötzlich auf, verlor den Halt und fiel rücklings in den Sand.

»Was ist?«, rief Jennifer erschrocken.

»Da ist was Weiches in meinem Schlafsack!« Miriam lief eine kalte Gänsehaut den Rücken herunter. Verdammt!«, fluchte sie. »Ich komme nicht an meine Taschenlampe heran.«

Es half alles nichts. Jennifer war gefragt. Ihre Taschenlampe baumelte an der Deckenstange des Zeltes. Um sie zu erreichen musste aber eine von ihnen über Miriams Schlafsack mit dem weichem Irgendwas hinübersteigen. Und wer wusste schon, was sich noch so alles im Zelt verbarg? Irgendjemand hatte die Ankunft der Mädchen gründlich vorbereitet.

»Wollen wir nicht doch zu deinen Eltern ins Hotel gehen? Dann können wir morgen am Tage immer noch nachsehen, was hier los ist.« Jennifer hielt das für die vernünftigste Idee in diesem Augenblick.

Aber für Miriam kam das nicht in Frage.»Das wäre das Ende unseres Zelturlaubs!«, war sie sich sicher.»Und du weißt, wie lange ich dafür gekämpft habe!«

Jennifer wusste es. Es hatte auch bei ihr Monate gedauert, ehe ihre Eltern eingewilligt hatten, dass die Mädchen zwar in unmittelbarer Nähe von Miriams Eltern, aber dennoch allein auf dem Campingplatz Urlaub machen durften. Mit dreizehn Jahren! Übereinstimmend hatten die Mütter erzählt, dass sie im Alter von dreizehn noch nicht einmal allein zum nächsten U-Bahnhof gehen durften — was Jennifer und Miriam dann aber doch nicht ganz geglaubt hatten.

Jedenfalls wollte Miriam sich auf keinen Fall die Niederlage eingestehen und damit für die nächsten fünf Jahre zum gemeinsamen Urlaub mit ihren Eltern verdonnert sein.

Entschlossen erhob sie sich aus dem Sand, schnaufte einmal kurz, hob den Kopf, schrie so laut sie konnte, schrie und schrie. Jennifer hielt sich die Ohren zu. Plötzlich stürmte Miriam — immer noch schreiend — wie von Sinnen mit weit vorgestreckten Armen ins Zelt, grapschte nach der Lampe am Haken und raste wieder hinaus. Die ganze Aktion dauerte höchstens zehn Sekunden. Aber sie hatten Miriam alles abverlangt. Erschöpft ließ sie sich in den Sand fallen und gluckste vor Erlösung:»Ich habe sie!«

Jennifer nahm ihre Freundin dankbar in den Arm.»Wenn da einer drinnen war, dann ist dem jetzt das Trommelfell geplatzt«, freute sie sich.

Niemand auf dem Zeltplatz hatte Notiz von dieser Aktion genommen. Offenbar waren die Urlauber es gewohnt, dass nachts schreiende, grölende, brüllende und polternde Landsleute über den Campingplatz torkelten und ihr Bett suchten. Oder es war niemand da, weil alle noch kräftig in den Discos tanzten, feierten und tranken.

Miriam hatte ihren Teil getan, jetzt war Jennifer dran. Das wusste sie. Entschlossen schnappte sie sich die Taschenlampe und leuchtete das Innere des Zeltes ab. Auf den ersten Blick war nichts Schreckliches zu erkennen. Vorsichtig hob sie das Kopfende von Miriams Schlafsack an und war darauf gefasst, im nächsten Moment mit einem gewaltigen Satz aus dem Zelt heraus zu springen. Sie leuchtete in den Schlafsack hinein. Der Lichtkegel fiel auf eine dunkle Plastiktüte.

Jennifer gab Miriam Bescheid und krabbelte etwas näher an die Tüte heran. Sie betrachtete sie eine Weile, ehe sie es wagte, mit dem Zeigefinger ganz leicht gegen die Tüte zu drücken. Sie fühlte sich sehr weich an; mehr noch als weich. Eher, als ob sich in der Tüte nur eine Flüssigkeit befände.

»Was meinst du, was das ist?«, flüsterte Miriam.

»Was auch immer«, antwortete Jennifer, »mit Sicherheit nichts, womit uns jemand eine Freude machen will. Und deshalb ...« Jennifer packte die Tüte mit spitzen Fingern an der geschlossenen Schlaufe. »... fliegt das Teil jetzt unbesehen hier raus!«

Jennifer krabbelte rückwärts aus dem Zelt, während Miriam nach ihrer Taschenlampe griff.

Aus einer halben Drehung heraus schleuderte Jennifer die Tüte so weit fort, wie sie nur konnte. Das war allerdings nicht sehr weit, denn unglücklicherweise stand ein Wohnwagen mitten in der Flugbahn. Die Tüte zerklatschte matschend an der weißen Wand des sorgfältig geputzten Caravans.

»Ach du dickes Ei!«, entfuhr es Miriam. Eine dunkle, stinkige Flüssigkeit sickerte und sabberte langsam die weiße Wand des Wohnwagens hinunter und tropfte von dort schmatzend auf den Sandboden.

Miriam leuchtete an die Wand und war wie erschlagen von der dunkelroten, glitzernden Farbe, die ihr im hellen Schein der Lampe entgegen strahlte.

»Blut!«, krächzte sie. »Das ist Blut!«

Jennifer schluckte kräftig. Irgendetwas kam aus der Magengegend verdächtig schnell in die Kehle gekrochen und wollte durch den Mund hinaus.

»Du meinst Menschenblut?« Die Frage ging ihr nur zögerlich über die Lippen.

»Nein«, beruhigte Miriam sie sofort. »Das glaube ich nicht.«

Jennifer wandte sich ab. Einerseits um nicht länger den Anblick des blutigen Wohnwagens ertragen zu müssen, andererseits um ihrer Freundin in die Augen zu blicken. Woher nahm sie diese Gewissheit?

»Ich kann mir nicht vorstellen, dass jemand, der den großen Aufwand betreibt, an eine solche Menge Menschenblut heranzukommen«, erklärte Miriam, »es hinterher wasserdicht in eine Plastiktüte verknotet um unser Zelt nicht zu beschmutzen.«

Auch Jennifer erschien das einleuchtend.

»Das war jemand, der uns einen gehörigen Schrecken einjagen wollte, sich aber vor der eigenen Sauerei geniert. Statt unser Zelt mit Blut vollzuspritzen, was richtig schrecklich wäre, begnügt er sich damit, eine Tüte Blut vom Schlachthof oder vom Markt zu besorgen und uns in den Schlafsack zu legen.«

Jennifer war beeindruckt von Miriams verblüffender Kombinationsgabe, die immer dann zu solcher Brillanz heranwuchs, wenn man am wenigsten damit rechnete.

Miriam kam zum Abschluss ihres Plädoyers: »So wie der Täter würde vielleicht meine Mutter jemanden erschrecken. Grusel ja, aber bitte nichts schmutzig machen.«

Jennifer musste jetzt sogar ein wenig grinsen: »... oder jemand«, ergänzte sie Miriams Gedankengang, »der noch immer sehr stark unter dem Einfluss seiner reinlichen Mutter steht. Mit anderen Worten: ein Jugendlicher!«

»Exactamente!«, nickte Miriam, die jetzt nachschaute, ob ihr Schlafsack nicht vielleicht doch ein paar Tropfen Blut abbekommen hatte. Statt Blut entdeckte sie einen weiteren Zettel, der unter der Tüte gelegen haben musste.

Erstaunt zog sie ihn hervor, hielt die Taschenlampe darauf und las laut vor:

Einsamkeit ist Sicherheit.
Nur die Schnüffler kommen zu zweit.
Lasst das Spionieren sein,
sonst könnt ihr nie mehr
glücklich sein.

»Auch noch ein Dichter!«, stöhnte Jennifer.
»Der Dichter, der Dichter, der braucht was auf die Lichter«, reimte Miriam. »Was meint der mit ›Lasst das Spionieren sein?‹ Hast du irgendwo spioniert?«
Jennifer schüttelte den Kopf.
»Na bitte, ich auch nicht.«
»Aber offenbar glaubt das jemand und beobachtet uns deshalb. Ich denke, wir sollten herausbekommen, weshalb er das denkt«, schlug Jennifer vor. Denn die Warnungen nahmen eindeutig an Schärfe zu. Was würde der nächste Schritt sein, wenn sie sich nicht rechtzeitig vom Verdacht der Spionage, gegen wen und wofür auch immer, befreien konnten?

Der letzte Buchstabe

Ben freute sich sichtlich. Die Teamarbeit in seiner virtuellen Schulklasse wurde immer effektiver. Zwar nicht im geplanten Unterricht, dafür aber umso mehr bei der Zusammenarbeit zur Lösung des Rätsels. Matthias, einer seiner Mitschüler, hatte tatsächlich das letzte fehlende Wort im Kreuzworträtsel erraten! Es lautete »Goral« und bezeichnete eine besondere Antilopenart. Ben schlug sich mit der Hand vor den Kopf. »Darauf hätte ich auch kommen können!«, fand er, als er las, dass Matthias einfach den Suchbegriff »Antilope« im Internet eingegeben hatte und sich so allerlei Artennamen durchsehen konnte, bis er schließlich den richtigen gefunden hatte.

Frank konnte der Lösung des Rätsels nichts abgewinnen. »Und wenn schon«, kommentierte er lapidar. »Jetzt ist das Rätsel komplett und wir wissen immer noch nicht, was wir damit machen sollen.«

Doch Ben ließ sich nicht entmutigen. Er wusste aus Erfahrung, dass die kleinsten Kleinigkeiten bei einem Computer Wunder bewirken konnten. Ein falsch eingegebenes Komma oder auch nur eine fehlende Leerstelle konnten schon ganze Programme aus der Bahn werfen.

Flugs lud Ben noch einmal das Kreuzworträtsel und trug das letzte Wort, oder besser den letzten, fehlenden Buchstaben, in das Kästchen ein.

Er hielt den Atem an, denn vor ihm ging eine wundersame Wandlung vor sich. Einige Felder im Kreuzworträtsel änderten ihre Farbe und man konnte deutlich folgende Worte aus dem Rätsel herauslesen, weil sie auf dunklerem Grund standen:

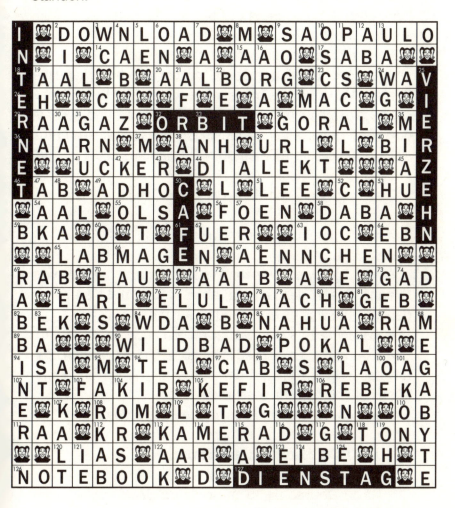

»Was soll das?«, fragte Frank.
Ben besah sich die Worte eine Weile, bis er fragte: »Wie heißt eigentlich das Internet-Café, in das Jennifer und Miriam immer gehen?«
Frank zuckte mit den Schultern.
»Jetzt mischen wir das Ganze mal ein bisschen«, kündigte Ben an. Mit der Maus markierte er diese fünf Worte, speicherte sie, wechselte in sein Textprogramm und ließ sie dort wieder erscheinen, wobei er jetzt die Möglichkeit hatte, sie neu zu sortieren. So ergab sich folgendes Bild:

Dienstag, vierzehn, Internet-Café Orbit.

»Eine Verabredung?«, kombinierte Frank.
Ben nickte.
»Aber von wem?« Frank spürte, dass irgendetwas Spannendes in der Luft lag, aber er kam nicht so richtig dahinter, um was es sich handeln könnte.
Ben wechselte schon wieder auf ein anderes Programm.
»Hier«, sagte er schließlich und zeigte auf einen Zeitungsausschnitt, der auf dem Bildschirm erschienen war. »Den hat Thomas mir geschickt!«
Frank las den kurzen Artikel aufmerksam durch:

100.000 Mark zu gewinnen!
Finden Sie den Schatz!
Ganz Deutschland buddelt im Sand
100.000 Mark in einer massiven Holztruhe. Vergraben am Strand von Mallorca. Wer

möchte da nicht mitschaufeln und den Schatz finden?
Die tolle Truhe — der Hauptgewinn in unserem neuen Super-Sommer-Sonnenspiel »Die Schatzsucher«. Lösen Sie das Rätsel und fliegen Sie als Gewinner für einen Tag auf die sonnige Insel im Mittelmeer (gestern 30 Grad im Schatten!).
Reisen, essen, trinken Sie — wir zahlen die Rechnung.
Der Höhepunkt des Tages: die Schatzsuche. Jeder Gewinner findet garantiert etwas: entweder je einen der Geldsäcke mit 10.000 Mark oder 5.000 Mark oder die dicke fette Truhe mit 100.000 Mark!
Als Trostpreise winken immer noch 500 Mark.
Alles über »Die Schatzsucher« auf Seite 8.

»100.000 Mark am Strand von Mallorca vergraben?« Frank kam aus dem Staunen nicht heraus, welchen Quatsch sich die Zeitungen einfallen ließen. Immerhin handelte es sich ja um eine deutsche Zeitung, die diesen Schabernack auf einer spanischen Insel veranstaltete.

»Jedenfalls«, kam Ben zum Thema zurück, »glaubt Thomas, dass unser eigenartiges Rätsel etwas mit diesem Spiel zu tun haben könnte. Er meint, da sind sicher einige Leute dem Schatz auf der Spur und verabreden sich gerade konspirativ vor Ort.«

Frank zog die Stirn kraus. »Und wie ich Thomas kenne, hat er vorgeschlagen, wir sollten Jennifer und Miriam mal ein bisschen heiß machen, dass genau vor ihren Füßen der Schatz vergraben ist.«

Ben nickte lächelnd. »Und wenn ich mir jetzt das Kreuzworträtsel so angucke, dann wette ich, dass das Internet-Café bei den Mädchen Orbit heißt!«

»Und dann hat Thomas gar nicht so Unrecht!«, folgerte Frank.

Die beiden waren so begeistert von der Spur, die sie aufgetan hatten, dass sie für einen Moment unbeachtet ließen, dass in dem Zeitungsartikel von einem Gewinn über 100.000 Mark die Rede war und nicht etwa von zwanzig Millionen. Und auch die zweite Ungereimtheit war ihnen in diesem Moment schnuppe: Der Schatz sollte an einem Strand vergraben sein.

Den Mädchen fielen diese Widersprüche sofort auf, als sie die Nachricht von den Jungs erhielten.

»Ich denke, die berühmten 210 Grad stellen eine Navigationsrichtung auf dem Meer dar?«, wunderte sich Jennifer.

Miriam stimmte zu. »Da haben die Buben in ihrem Eifer mal wieder etwas übersehen«, ergänzte sie schelmisch.

Das Rätsel gab den Kindern immer mehr Geheimnisse auf. Mittlerweile ging es weniger um die zwanzig Millionen als darum, herauszubekommen, was dieses gesamte Rätsel überhaupt zu bedeuten hatte.

»Fassen wir die Fakten doch noch einmal zusammen«, schlug Jennifer vor.

Es gab ein Rätsel, bei dem man zwanzig Millionen Mark gewinnen konnte. Dieses Rätsel enthielt mehrere Stufen: Zunächst tauchte ein Kreuzworträtsel auf, dessen Lösung einen Treffpunkt ergab: Dienstag, 14 Uhr im Internet-Café. Als Zweites war ein leerer Bilderrahmen zu sehen gewesen, der noch entschlüsselt werden musste. Und drittens war ein Puzzle erschienen, das den Strand gezeigt hatte, an dem Jennifer und Miriam immer badeten. Auf diesem Bild war von 210 Grad die Rede, eine Navigationsrichtung – just an ihrem Strand.

»Eigenartig«, murmelte Miriam. »Irgendwie kommen mir diese 210 Grad bekannt vor. Woher bloß?«

Jennifer überlegte, konnte sich allerdings auch nicht erinnern, als draußen vor der Tür eine Gestalt auftauchte, die sich ein Funktelefon ans Ohr hielt. Jennifer achtete im ersten Moment gar nicht so sehr darauf. Mehr unbewusst beobachtete sie den Typen aus den Augenwinkeln. Es war in diesem Sommer groß in Mode gekommen, mit einem Handy am Ohr Urlaub zu machen. Überall standen irgendwelche lächerlichen Aufschneider in der Ecke und sprachen mit wichtiger Miene in ihr elektronisches Spielzeug. Jennifer hatte schon oft überlegt, was ein Tourist im Badeurlaub so wichtiges zu telefonieren hatte. Vermutlich riefen sie immer nur ihre Oma in Deutschland an um mitzuteilen, dass auf Mallorca auch an diesem Tage überraschenderweise die Sonne schien. Vielleicht gaben sie auch stündlich die aktuellen Temperaturen, sowie den aktuellen Bräunungsgrad ihrer Haut an die Bürokollegen durch.

Jennifer schmunzelte. Nein, der Hungerhaken dort draußen hatte sicher nichts über seine Haut zu berichten. Er war immer noch blass wie ein Albino. Erst jetzt erkannte Jennifer, wer da so wichtig telefonierend auf und ab schritt.

»Der Beknackte ist schon wieder da!«, informierte sie Miriam.

Miriam sah hinaus auf die Straße und plötzlich fiel es ihr wie Schuppen von den Augen!

»Der war's!«, rief sie.

Jennifer blickte sie verdutzt an.

»Die 210 Grad!«, setzte Miriam nach. »Es war das Mehlgesicht! Auf dem Zettel, den er von Bord des Bootes geworfen hat, stand die Zahl 210. Und davor konnte ich deutlich hören, wie er maulte: ›Ich sage es Ihnen noch einmal ganz deutlich. Aber halten Sie diesmal den Kompass richtig herum!‹«

Der Typ sprach deutsch mit dem spanischen Bootsführer? Das sah dem arroganten Schnösel ähnlich!, fand Jennifer. Aber was hatte er mit der Navigationsrichtung aus dem Rätsel zu tun?

»Moment mal!«, Jennifer dämmerte es allmählich. »Der hantiert doch auch immer mit dem Rätsel herum. Das hatte Ben auf dem Foto aus dem Internet-Café entdeckt!«

Miriam nickte eifrig. »Und das passt auch zu dem verschlüsselten Treffpunkt in dem Kreuzworträtsel. ›Dienstag, vierzehn Uhr im Internet-Café Orbit.‹ Das war vorgestern und zwar genau hier!«

»Genau als wir hier Spagetti gegessen haben«, erinnerte sich Jennifer. »Und unserem Bleichgesicht begegnet sind. Der ist dem Schatz auf der Spur!«

»Da er aber nicht am Strand sucht, wie es in der Zeitung steht«, fuhr Miriam fort, »sondern auf dem Wasser, weiß er entweder mehr als in der Zeitung steht ...«
»... oder er hat etwas viel Wertvolleres entdeckt!«, kombinierte Jennifer weiter.
Die beiden schlugen ihre Hände gegeneinander. Bingo! Sie waren auf der richtigen Fährte. Davon waren sie überzeugt.
Mit einem Mal hielt Jennifer inne. Ihre Stirn kräuselte sich zu sorgenvollen Falten. »Offenbar sind nicht nur wir davon überzeugt, dass wir auf der richtigen Spur sind«, gab sie zu bedenken. »Sondern das Mehlgesicht auch!«
Miriam bekam riesige Augen. »Du meinst ...!« Sie war so aufgeregt, dass sie ihren Gedanken gar nicht auszusprechen wagte.
»Ja«, bestätigte Jennifer. »Ich meine, wir haben unserem Bleichgesicht die nächtlichen Zeltbesuche zu verdanken!«
»Dann wird es Zeit der alten Schleimschnecke einen gehörigen Denkzettel zu verpassen, oder?«
Genau das war auch Jennifers Meinung. Und sie wusste auch schon wie ...

Ben musste zugeben, dass er und Frank einiges übersehen hatten. Dennoch: sie waren dem Schatz oder einer anderen spannenden Entdeckung auf der Spur. Allerdings beunruhigte ihn der Plan der Mädchen dem eigenartigen Bleichgesicht einen Denkzettel zu verpassen. Er wusste nicht genau, was die Mädchen vorhatten, aber er ahnte, dass es nicht ungefährlich war. Wenn es wirklich um zwanzig

Millionen Mark ging, die dieser Typ ergattern wollte, dann war mit ihm nicht zu spaßen. Viele Menschen hatten schon für weit weniger Geld schlimme Verbrechen begangen. Die Mädchen sollten die nächtlichen Drohungen nicht zu sehr auf die leichte Schulter nehmen, war Bens Meinung.

Was konnte er tun? Er saß auf Langeneß fest und hatte nur über den Computer Kontakt zur Außenwelt. Aber zumindest diesen Kontakt wollte er nutzen, so gut es eben ging. Sofort verfasste Ben ein Rundschreiben an die gesamte virtuelle Schulklasse um sie von den neuesten Entwicklungen zu informieren. Er berief eilig eine Chat-Konferenz ein.

Kurz nach Mitternacht war es soweit. Ben prüfte die Anwesenheit seiner Altersgenossen, so dass auf dem Bildschirm eine regelrechte Liste der Teilnehmer entstand:

<Ben> Matthias?
<Matthias> Anwesend!
<Ben> Thomas?
<Thomas> Klar, bin da! :-)
<Ben> Kevin?
<Kevin> Allein zu Haus! ;-) Alles Paletti!
<Ben> Robert?
<Robert> Bereit! 8-)
<Ben> Torben?
<Torben> Wie immer pünktlich.
<Ben> Kristian?
<Kristian> Auf alles gefasst!
<Ben> Angelika?
<Angelika> Warte schon seit Stunden. (-:
<Ben> Maria?
<Maria> An Bord!

Das sah auf dem Bildschirm schon recht verwirrend aus, fand Frank. Damit man jederzeit wusste, wer welchen Satz geschrieben hatte, erschien grundsätzlich beim chatten zunächst einmal der Name des Absenders in eckigen Klammern. Insbesondere die kuriosen Zeichen hinter manchen Sätzen machten Frank zu schaffen.

»Das sind sogenannte smileys«, erläuterte Ben seinem Freund. »Damit drückt der Absender sein Gefühl aus, weil man ja weder seine Mimik noch seine Gestik sehen kann. Du musst den Blick um 90 Grad drehen um es richtig zu erkennen«. Ben zeigte es ihm und aus dem Zeichen :-) wurde. ☺ »Siehst du?«, fragte Ben. »Zwei Augen, eine Nase, ein Mund. Der Absender lacht! Bei Angelika ist es umgekehrt. Damit zeigt sie, dass sie Linkshänderin ist. Oder hier:« ;-) »Der Absender schmunzelt, denn er kneift ein Auge zu.«

Frank drehte mit dem Zeigefinger eine Schraube vor seiner Stirn. »Ein bisschen verrückt, finde ich. Was ist denn mit Robert?«

Ben lachte: »Er trägt eine Brille!« Ben hatte sich längst an das Erscheinungsbild gewöhnt und keinerlei Mühe den Inhalt sofort zu überblicken.

Die Lehrer waren natürlich sehr unglücklich und tief betroffen gewesen, dass bei dem Projekt nur zwei Mädchen mitmachten. Aber sie hatten einmal mehr erkennen müssen, dass sich die Wirklichkeit des Lebens und deshalb auch die Interessen der Kinder nur selten nach pädagogischen Wunschvorstellungen richteten.

Ben schilderte noch einmal kurz die Lage, vor allem, dass Jennifer und Miriam jemandem auf den Fersen waren, der wohl die heißeste Spur des Rätsels verfolgte, allerdings statt 100.000 Mark eher zwanzig Millionen suchte und diese auch nicht am Strand, sondern auf dem Wasser. Die Lagebesprechung wurde sofort lebhaft:

<Angelika> Vergesst die alberne Zeitung.
Das hat nichts miteinander zu tun!
<Robert> Angelika, wie kommst du darauf?
<Kevin> Das Rätsel ist eine Falle!!
<Kristian> Gibt es gute Kontakte zu einem der Kellner in dem Café?
<Angelika> Robert, ich meinte: es könnte Zufall sein, dass die Zeitung gerade jetzt eine Schatzsuche organisiert. Sie hat aber nichts mit den 20 Millionen zu tun!!!
<Ben> Kevin, was meinst du mit ›Falle‹?

Frank stieß Ben in die Seite. »Du musst auch Kristian antworten!«

»Ja, ja«, antwortete Ben missmutig. Es gefiel ihm gar nicht, dass die Aufmerksamkeit schon wieder auf den ätzenden, aufdringlichen Kellner gelenkt wurde, der offensichtlich ein Auge auf Jennifer geworfen hatte. Unwillig tippte er:

<Ben> Kristian, ja gibt es! So eine blöde Schmalzlocke geiert Jennifer hinterher.
<Kevin> Ben, ich weiß auch nicht.
Riecht aber nach 'ner Falle.
<Torben> Kevin, du bist ein Quatschkopf.
<Maria> Eifersüchtig, Ben? ;-)

Frank wurde ganz schwindelig. Er hatte große Mühe zu verfolgen, wer sich in diesem Gespräch eigentlich auf wen bezog. Gerade hatte Ben einem Gesprächsteilnehmer geantwortet, da tauchten plötzlich drei andere auf dem Bildschirm auf, die sich auf ganz andere Äußerungen bezogen.
»Das Optimale sind diese Chats aber nicht!«, wagte Frank einzuwerfen.
Ben würdigte ihn keines Blickes. Ohne sich umzudrehen antwortete er knapp: »Wenn sich in einem Gespräch von Angesicht zu Angesicht neun Menschen gleichzeitig unterhalten, ist es auch nicht einfacher!«
Dem hatte Frank allerdings nichts entgegen zu setzen. Währenddessen ging es auf dem Bildschirm munter weiter:

<Kristian> Kann man dem Kellner vertrauen?

»Ach, der schon wieder mit seinem Kellner!«, ärgerte sich Ben. Kristian ließ sich nicht beirren.

<Kristian> Wenn ja, muss man ihn einspannen.
Er ist der einzige Unverdächtige vor Ort, den wir nutzen können!
<Kevin> Hey, Kristian, du bist ja genial!
<Maria> Ich glaube auch, Kristian hat Recht!
<Angelika> Ja, der Kellner kann alles beobachten, was der Typ auf dem Bildschirm macht, ohne dass er Verdacht erregt.
<Robert> Super! Miriam und Jennifer sollen sofort loslegen und den Kellner einweihen!

Ben gefiel diese Entwicklung überhaupt nicht. Statt, dass Jennifer den Schnösel dorthin jagte, wo der Pfeffer wächst, sollte sie ihn nun auch noch zum Partner machen. Lustlos tippte er

<Ben> Werde sehen, was sich machen lässt.

und loggte sich aus.
Frank sah seinen Freund mitleidig an. »Aber sie haben Recht, Ben«, betonte er behutsam.
Ben nickte. »Ich weiß, das ist ja das Schlimme daran.« Dann machte er sich daran, den Mädchen das Ergebnis der Konferenz mitzuteilen.
Miriam und Jennifer zögerten keinen Augenblick, als sie Bens Nachricht gelesen hatten. Sie riefen José herbei und schilderten ihm ausführlich die Lage. Für José war das gar keine Frage. Er freute sich, dass Jennifer nun doch endlich auf sein Hilfsangebot zurückgriff. Mit vor Aufregung glühenden Wangen versprach er sich alles zu merken, was der bleiche Typ am Computer unternehmen würde. Noch während er zwei Finger seiner rechten Hand zum Schwur hob, verzog sich sein Gesicht zu einem verschmitzten Grinsen. »Ich habe da eine Idee!«, sagte er und strahlte übers ganze Gesicht. »Kommt heute Nacht hierher ins Café!«
Daran konnten die Mädchen nun nichts Außergewöhnliches entdecken. »Wir sind doch jede Nacht hier«, erinnerte Miriam ihn.
»Aber wirklich in der Nacht«, präzisierte José. »Nachdem wir geschlossen haben. Das ist um drei Uhr nachts.«

Computertrick

Selbst nachts um drei herrschte auf den Straßen Alcudias keineswegs Stille. Aus den Bars johlten Gäste, die Musik aus den Discotheken zerfetzte einem selbst draußen auf der Straße noch die Trommelfelle, aus den Spielsalons piepste, jaulte und klingelte es. Und als wäre das alles noch nicht laut genug, gesellten sich noch knatternde Mopeds und hupende Jeeps mit voll aufgedrehten Musikanlagen zu dem Ferienradau.

Das Faszinierendste für Jennifer war, dass in diesen Straßen auch riesige Hotels standen, in deren Höfen sogar noch eigene Tanzveranstaltungen stattfanden. Es war ihr unbegreiflich, wie die Urlauber bei diesem Höllenlärm schlafen konnten, von erholsamen Ferien ganz zu schweigen. Vermutlich war es dazu nötig, sich vorher mit Alkohol ganz und gar zu betäuben. Vielleicht war dies der Grund, weshalb man zu dieser Nachtzeit keinem nüchternen Erwachsenen mehr auf der Straße begegnete.

Wie vereinbart klopfte Miriam einen bestimmten Rhythmus an die verschlossene Tür des Internet-Cafés. Aber das war überflüssig. Zu ihrem Erstaunen öffnete sich die Tür von selbst. Sie war gar nicht verschlossen gewesen.

»Ich dachte, die machen um zwei Uhr dicht?«, wunderte sich Miriam.

Jennifer zuckte mit den Schultern.

Ein Blick ins Innere der Gaststätte allerdings erklärte alles. Es war noch immer ein Gast im Raum, der nun endlich seine Rechnung bezahlte.

Miriam und Jennifer standen da wie angewurzelt. Der letzte Gast war niemand anders als der ominöse, hagere, blasse Mann!

»Ausgerechnet der!«, zischelte Miriam durch die zusammenkneifenden Lippen.

»Mist!«, antwortete Jennifer.

Der Mann hatte mittlerweile seine Rechnung beglichen und eilte in dem ihm eigenen hastigen Tempo hinaus, ohne die Mädchen eines Blickes zu würdigen.

Miriam und Jennifer starrten ihm nach.

»Ah, da seid ihr ja!«, begrüßte José die beiden und kam lächelnd hinter dem Tresen hervor. »Jetzt schließe ich aber schnell ab, bevor noch einer kommt.«

»Was um alles in der Welt wollte der noch hier?«, fauchte Miriam ihn sofort an.

»Na hör mal!«, verteidigte sich der Junge. »Ihr habt doch gesagt, ich soll ihn beobachten. Da werde ich ihn doch nicht rausschmeißen.«

Miriam musste lachen. Diese Antwort hätte glatt von ihr kommen können.

»Und was hat er die ganze Zeit gemacht?«, wollte Jennifer wissen.

José lächelte Jennifer zu, hob den Zeigefinger und kündigte feierlich an: »Das werden wir sofort sehen!«

José setzte sich an das Terminal, an dem der Mann gesessen hatte. Dabei rief er den Mädchen gut gelaunt zu: »Bedient euch. Cola steht im zweiten Kühlschrank unter dem Tresen. Ihr seid meine Gäste!«

Miriam machte einen albernen Knicks, bedankte sich

dann aber doch noch ernsthaft und holte drei Colaflaschen. Jennifer setzte sich zu José und sah ihm über die Schulter. Sie so dicht neben sich zu haben, beflügelte den Kellner erst richtig. Sofort sprudelte er los: »Die meisten Leute denken, wenn man im Internet surft und hinterher den Computer ausschaltet, sei alles wieder bei Null, so als hätte man niemals am Computer gesessen. Das ist natürlich ein Trugschluss!«

Miriam verteilte die Cola und setzte sich an Josés freie Seite. »So, so!«, sagte sie.

»In Wirklichkeit hinterlässt man beim Surfen selbstverständlich Spuren. Zum Beispiel auf der Festplatte«, fuhr José fort. »Hier!«

José hatte das Dateiverzeichnis des Internetprogramms geöffnet und war auf dem Weg in ein Unterverzeichnis, das sich »Cache« nannte. »Darin werden automatisch Kopien von allen Seiten abgelegt, die man im Internet aufgerufen hat. Der Sinn dieses internen Speichers ist es, dass Seiten, die man oft verwendet, schneller wiedergefunden werden.«

José öffnete den besagten Speicher — und pfiff laut durch die Zähne.

»Was ist denn?«, fragte Jennifer.

»Leer!«, stellte José fest.

»Was heißt das: leer?«, fragte Miriam verblüfft. »Heißt das, der Typ hat hier die ganze Zeit gesessen, aber nicht im Internet gesurft?«

»Nein«, antwortete José. »Das heißt, er versteht ein wenig von Computern und hat den Cache-Speicher gelöscht, bevor er ging.«

109

»Verdammt!«, fluchte Jennifer. »Dann ist unser ganzes Treffen vergeblich?«

»Keineswegs!« José hatte nichts von seiner Zuversicht verloren. Er erklärte den Mädchen, dass der Chef des Internet-Cafés bereits einige Male Ärger mit aufgebrachten Eltern gehabt hatte. Denn natürlich gab es im Internet auch etliche Seiten, die keineswegs jugendfrei waren. Und ebenso selbstverständlich waren dies für viele Jugendliche, die ins Internet-Café kamen, die begehrtesten Seiten. Um dem einen Riegel vorzuschieben hatte der Chef ein Zusatzprogramm einrichten lassen, das alle Seiten, die von den einzelnen Rechnern aufgerufen wurden, auf dem Zentralrechner hinter dem Tresen speicherte. So konnte das Personal regelmäßig und vor allem unbemerkt kontrollieren, wer sich da an verbotenen Seiten zu schaffen machte. Im Zweifelsfall ließen sie dann ganz diskret die Rechner dieser Kunden einfach abstürzen.

»Aber das konnte unser Freund natürlich nicht wissen. Jetzt schauen wir mal, was er den ganzen Abend so getrieben hat!«

Miriam und Jennifer juchzten laut auf. »José, du bist fantastisch!«, riefen sie wie aus einem Munde.

»Sehr interessant«, murmelte Ben vor sich hin, als er die Liste las, die Jennifer ihm geschickt hatte. In der Liste waren alle Aktionen aufgezählt, die der bleiche Mann während eines Abends auf dem Computer vorgenommen hatte.

Als Erstes war dort die Rätselseite, die auch Ben inzwischen regelmäßig ansteuerte. Inzwischen war dort das vierte Rätsel zu sehen. Dann aber hatte der Mann die Rätselseite verlassen und die Seite einer Bank aufgerufen. Anschließend hatte er das Internet verlassen und war eine halbe Stunde später wieder hineingegangen. Dies konnte man an den Uhrzeiten ablesen, zu denen die einzelnen Seiten automatisch vom Computer abgespeichert worden waren.

Das Merkwürdige daran aber ist, meint José,

hatte ihm Jennifer dazu geschrieben (Ben verzog kurz den Mund, als hätte er in eine Zitrone gebissen. Schon wieder dieser José!),

dass der Bleiche zwar nicht im Internet war, sein Terminal aber online gewesen ist.
Das konnte José wieder an einem anderen Programm sehen, welches die Telefongebühren erfasst.

»Was bedeutet das?«, wollte Frank wissen, dem diese Mitteilung herzlich wenig sagte.

Ben wiegte nachdenklich den Kopf. »Wenn er nicht im Internet war«, lautete seine Vermutung, »dann muss er irgendwo direkt in ein Programm eingestiegen sein.«

Das verstand Frank noch weniger.

»Man muss doch nicht jedesmal direkt ins Internet gehen, wenn man online ist«, versuchte Ben so leicht verständlich wie möglich zu erklären. »Der Computer ist über ein Modem ja zunächst einfach nur an eine Telefonleitung angeschlossen. Das heißt: theoretisch kann ich mit dem Computer überall hin, wo eine Telefonanleitung angeschlossen ist.«

⇩

»Zu Hause an unser Telefon zum Beispiel?«, wunderte sich Frank.

»Natürlich!«, antwortete Ben. »Ich könnte mit dem Computer auch telefonieren oder faxen oder ...« Ben brach ab. Seine Miene wurde ernster.

»Oder?«, wiederholte Frank zaghaft.

»... oder über die Telefonzentrale in Betriebe einbrechen!«, beendete Ben seinen Satz.

»Wow!«, sagte Frank. »So etwas kannst du?«

Ben räusperte sich verlegen. »Es geht hier ja nicht um mich«, erwiderte er schließlich. »Aber vielleicht hat der Blasse das getan?«

»Ich denke, der ist hinter dem Rätsel her?« Für Frank wurde dieser Fall immer undurchsichtiger.

»Zu schade, dass wir nicht dabei waren, als der Blasse auf dem Computer herumtippte«, ärgerte sich Ben, ohne auf Franks Einwand einzugehen.

»Ja«, sagte Frank nur. »Dafür sind wir zu weit weg. Da müsste schon eine Fernsehübertragung laufen um in das Café zu gucken.« Dann stolperte er selbst über seinen Satz. Er stutzte.

Ben und Frank sahen sich an. Beide hatten in diesem Augenblick den gleichen Gedanken: »Aber wir haben dort ja eine Kamera!«

Am nächsten Tag waren die Mädchen bereits eifrig dabei, ihren Plan vorzubereiten. Dem Bleichen sollte ein gehöriger Denkzettel verpasst werden. Das heißt, genau genommen war es immer noch Jennifers Plan. Miriam hatte zwar gebettelt so gut sie konnte, aber Jennifer schwieg sich geheimnisvoll aus. »Du wirst schon sehen«, war alles, was aus ihr herauszubekommen war. Und eben hatte sie sich sogar einen Kescher und einen Kinder-Plastikeimer gekauft. Dann waren sie losgestiefelt. Fünfzehn Minuten Fußweg bei 35 Grad im Schatten. Miriam hatte bereits einen hochroten Kopf, blieb hechelnd stehen und schnaufte: »Keinen Schritt mehr, wenn du mir nicht verrätst, wohin wir gehen und was wir vorhaben!«

Jennifer zeigte auf eine karge Felslandschaft, hinter der sich einladend das Meer ausbreitete. »Dort ist es schon!«, beschwichtigte sie.

»Dort ist nur das Meer!«, behauptete Miriam. »Und in das werde ich jetzt hineinspringen, wenn du weiter so geheimnisvoll tust.«

»Das würde ich aber lieber lassen«, erwiderte Jennifer ruhig. »Hinter diesen Felsen liegt nämlich eine einsame Bucht, wenn ich José richtig verstanden habe. Und diese Bucht wäre bestimmt nicht so einsam, wenn man an dieser Stelle ungestört baden könnte.« Sie zog Miriam näher an die Bucht heran. Ein malerischer, kleiner Sandstrand öffnete sich dem Blick der Mädchen. Sachte plätscherten kleine Wellen des glasklaren Meeres ans Ufer.

»Und hier soll man nicht baden können?«, rief Miriam gegen den leichten, aber erfrischenden Wind an. »Das ist doch das reinste Paradies!«

»Ja, für Feuerquallen«, entgegnete Jennifer.

»Ihhh«, quiekte Miriam auf. Quallen! Diese glibberigen, durchsichtigen Tiere, die fast ausschließlich aus Wasser bestanden, kannte sie gut. Sie mochte sie sogar ganz gerne. Denn es war ein lustiges Matsch-Gefühl zwischen den Fingern, wenn man sie in den Händen hielt. So als ob man versuchte ein rohes Eiweiß festzuhalten. Aber der Spaß hatte ein Ende bei der Quallenart, die statt blau oder weiß eine deutlich rötliche Färbung aufwies. Ihre Nesseln brannten auf der Haut wie Feuer und hinterließen ebensolche Brandmerkmale, weshalb man sie eben auch Feuerquallen nannte. Wo diese Tiere auftauchten, ging man am besten nur bekleidet oder überhaupt nicht ins Wasser.

»Und hier tummeln sich immer besonders viele, meinte José«, berichtete Jennifer. Sie drehte sich mit einem grimmigen Grinsen zu Miriam. »Das mit dem Tierblut macht man mit mir nur einmal«, drohte sie. »Ich denke, den Herrn werden ein paar Feuerquallen in seinem Gummistiefel wieder zur Räson bringen!«

»Oh, ist das gemein!«, entfuhr es Miriam.

Jennifer nickte. Das musste sie zugeben. »Aber mit Sicherheit wirksam«, befand sie. »Und darauf kommt es schließlich an!«

Es blieb nur noch die Frage offen, wie man an die Gummistiefel des Mannes herankommen wollte. Aber selbst daran hatte Jennifer bereits gedacht. Sie hatte einfach aus einer Telefonzelle heraus im Internet-Café angerufen, als der Bleiche mal wieder da war, und hatte ihn zu sprechen verlangt.

»Natürlich hatte ich alles mit José abgesprochen, so dass ich den Namen des Bleichen nicht zu wissen brauchte.«

Miriam war verblüfft. »Wann hast du das denn alles gemacht?«

»Du verbringst reichlich viel Zeit damit, irgendwelchen hässlichen Jungs hinterher zu laufen«, stellte Jennifer unverblümt fest. »In der Zeit kann man auch etwas Sinnvolles tun.«

»In meinem ganzen Leben bin ich noch keinem hässlichen Jungen hinterher gelaufen!«, entrüstete sich Miriam, räumte aber lachend ein: »Es sei denn, er war ganz besonders nett«.

»Jedenfalls hatte ich genügend Zeit meine Vorbereitungen in Ruhe zu treffen«, erzählte Jennifer weiter. »Ich gab mich in diesem Telefonat als Angestellte des Panorama-Hotels aus und sagte ihm: ›Gut, dass ich Sie erwische. Hier liegt ein dringendes Fax für Sie vor. Wollen Sie eben vorbeikommen‹?« Miriam hörte bewundernd zu.

»Natürlich war er zunächst stutzig, behauptete, er erwarte kein Fax und so weiter. Dann aber erwähnte ich beiläufig etwas von 20 Millionen Mark.« Jennifer musste noch immer kichern, wenn sie an ihren Trick dachte. »Plötzlich wurde er ganz nervös und sagte, er wohne doch aber gar nicht im Panorama.«

Miriam kam aus dem Staunen nicht heraus. Jennifer konnte ja tricksen wie eine echte Agentin! »Und dann?«, setzte sie aufgeregt nach.

»Ich sagte: Ich weiß, dass Sie nicht im Panorama wohnen, aber das Sol de Alcudia gehört zu unserer Hotelgruppe.«

Miriam juchzte vergnügt. Die Geschichte wurde ja immer toller!

»›Wieso Sol de Alcudia?‹, erwiderte der Mann«, berichtete

⇩

115

Jennifer weiter. Allmählich war sie auch ein bisschen stolz auf sich. »Ich wohne doch im Astoria! Bingo, da hatte ich zumindest schon mal den Hotelnamen. Na ja, und die Zimmernummer habe ich dann schließlich auch noch herausbekommen.«

»Jennifer, du bist die geborene Agentin.«

Jennifer zog die rechte Augenbraue tief hinunter, verzog ihren Mund und senkte ihre Stimme. »Mein Name ist Bond«, brummelte sie belustigt. »Jennifer Bond!«

Miriam lachte schallend los. »Oh, Misses Bond. Lassen Sie mich Ihnen einen Martini zubereiten! Geschüttelt und nicht gerührt, nicht wahr? Mit Eis?«

»Nee«, sagte Jennifer und hielt Miriam grinsend den Plastikeimer entgegen. »Mit Feuer!«

Jetzt bedurfte es nur noch einer kleinen Mutprobe, die gesammelten Feuerquallen in die Stiefel des Mannes zu befördern. »Frechheit siegt!«, lautete Jennifers Motto für diesen Fall. Damit war Miriam an der Reihe. Denn wenn es um Schlagfertigkeit und keckes Auftreten ging, konnte ihr niemand das Wasser reichen.

»Das wird schon schief gehen«, nickte Miriam, als die beiden vor dem Hotel angekommen waren. »Hast du eine Ahnung, wo das Zimmer liegt?«

Jennifer musste verneinen. Das hatte sie nicht auch noch herausbekommen können. »Aber Zimmernummer 514 bedeutet mit Sicherheit, dass es im fünften Stock liegt«, war sie sich sicher. Es entsprach der Logik, dass in den meisten Hotels die erste Ziffer einer Zimmernummer die Etage kennzeichnete.

»Dann also los!« Miriam holte noch einmal tief Luft und marschierte strammen Schrittes durch die Eingangshalle des großen Hotels. Jennifer folgte ihr. Die Portiers unten am Empfang sahen nur beiläufig zu den Mädchen hinüber. Es war nichts Besonderes, dass zwei Mädchen in leichter Strandkleidung durch die Halle huschten. Etwas seltener war es zwar schon, dass zwei Mädchen in dem Alter noch mit einem Plastikeimerchen durch die Gegend spazierten, aber die Hotelangestellten hatten es sich längst abgewöhnt, sich über deutsche Touristen und ihre Eigenarten zu wundern. Bis zum Lift ging also alles gut und auch die Fahrt bis ins fünfte Stockwerk verlief reibungslos. Leise surrend öffnete sich die Fahrstuhltür. Noch einmal sahen die beiden Freundinnen sich an. Wollten sie es wirklich tun? Ohne ein Wort zu sagen, wurden sie sich einig: Sie wollten. Sie verließen den Fahrstuhl. Jennifer blickte kurz auf die sich schließenden Türen. Ob sie etwas dazwischenlegen sollte um den Fahrstuhl für ihre Flucht bereit zu halten? Lieber nicht! Es wäre sicher zu auffällig gewesen, wenn der Lift nicht mehr zwischen den Etagen hin und her fuhr.

Miriam sah sich zu beiden Seiten um. Ein zufriedenes Lachen überzog ihr Gesicht. Sie streckte ihrer Freundin den erhobenen Daumen entgegen. Es verlief, wie Jennifer in ihrem Plan angekündigt hatte: Um diese Zeit arbeiteten die Raumpflegerinnen in der fünften Etage.

Jennifer winkte bescheiden ab: »Es war keine Kunst, das herauszubekommen. Eine Verwandte von José arbeitet hier.«

Auf jeden Fall mussten sich die Mädchen zu dieser Tageszeit keine Gedanken machen, wie sie in das Zimmer des blassen Mannes kommen konnten. Die Türen der Zimmer 510 bis 517 standen sperrangelweit offen. Aus manchen Türen flog zerknäulte Bettwäsche auf den Flur. Vor einem anderen stand ein Rollwagen mit Putzmitteln. Aus dem dritten hörte man das laute Dröhnen eines Industriestaubsaugers.

»Alles Paletti, Schwesterherz?«, fragte Miriam. Jennifer nickte.

Miriam ging zügig auf das Zimmer Nummer 514 zu. Jennifer eilte ihrer frischgebackenen Schwester mit dem Eimer hinterher, ihre Stirn in Falten. Sie hatte Angst und musste sich konzentrieren. Sie hatte nur eine, bestenfalls zwei Minuten Zeit, die Gummistiefel des Blassen ausfindig zu machen und die Feuerquallen ihrem Bestimmungsort zu überlassen — und das alles natürlich unauffällig.

Miriam betrat das Zimmer, ohne zu zögern. Sie sah, wie eine Hotelangestellte gerade damit beschäftigt war, das Einzelbett neu zu beziehen. Für einen Moment blieb Miriam doch verdutzt stehen. Auf der kleinen Kommode vor dem Bett lagen nicht etwa Hautcremes, Bürsten, Fön und Mückensalbe wie bei den meisten Touristen, sondern die Kommode war vollgestellt mit technischen Geräten. Miriam sah einen Laptop, an dem ein Modem angeschlossen war, aber dann noch weitere technische Geräte, die sie noch nie gesehen hatte. Manche sahen aus, als hätten sie eigenartig geformte Antennen. Alle Geräte waren mit vielen Kabeln wirr aneinander geschaltet.

Miriam rief sich zur Ordnung. Sie durfte nicht stehen bleiben. Alles musste so natürlich wie möglich wirken. Schließlich wollte sie den Eindruck erwecken, als hätte sie dieses Zimmer schon hundertmal betreten.

Schon drehte sich die Reinmachefrau verblüfft zu den Mädchen um.

Bevor sie etwas sagen konnte, brabbelte Miriam los: »Ist mein Vater nicht hier?«

Im Gesicht der Frau bildete sich ein großes Fragezeichen.

»Tu Padre?«

Miriam biss sich auf die Lippen. Daran hatten sie nicht gedacht: Wie sollte man erklären, dass ein Mann in einem Einzelzimmer mit zwei Töchtern angereist war?

Jennifer verduftete ins Badezimmer. Das war jedenfalls der Ort, an dem sie Gummistiefel nach Gebrauch abstellen würde.

»Mein Vater hat dieses Zimmer nur als Arbeitszimmer«, fiel Miriam blitzartig ein, während sie ihren Blick über die Technikanlage auf der Kommode schweifen ließ. »Ich weiß, er will hier nicht gestört werden ...« Miriam schwafelte so viel sie konnte, in der Hoffnung, die Frau vor ihr würde nur die Hälfte verstehen, aber nicht wagen nachzufragen.

»Trabajo?«, fragte die Frau nach der Arbeit des Mannes.

»Äh, ja, ja. Und wir wollten ihn nur etwas fragen. Wo ist er denn?«, fiel Miriam ihr ins Wort.

Jennifer jubelte stumm. Unter dem Waschbecken standen tatsächlich die Gummistiefel des Blassen. Sie konnte es immer noch nicht fassen, dass jemand auf Mallorca mit Gummistiefeln durch die Gegend latschte.

Zwei entschlossene Handgriffe und die Feuerquallen

flatschten mitsamt dem Wasser aus dem Eimer in die Stiefel. Natürlich würde der Mann es merken, wenn er in die Stiefel stieg. Aber dann war es für ihn zu spät! Ohne Umschweife eilte Jennifer wieder aus dem Badezimmer und rief Miriam zu:»Na ja, wenn er nicht hier ist, dann können wir ihn auch nicht fragen. Komm, Lisa. Dann gehen wir ein Eis essen, ohne Papa zu fragen.«

Miriam wandte sich an die Raumpflegerin, die noch immer mit einem Bettzipfel in der Hand da stand und nicht so recht wusste, was sie von dem Auftritt halten sollte.

»Sagen Sie bitte unserem Vater, dass wir ins Eiscafé gegangen sind.«

Die Frau nickte, obwohl Miriam sicher war, sie hatte nicht verstanden, worum es ging. Diese Aussicht machte sie übermütig und sie rief im Hinausgehen der Frau noch zu: »Wir sind auch ganz artig und essen bestimmt nicht mehr als fünf Pfund Eis pro Person. Arrividerci!«

Dann verschwanden die beiden aus dem Zimmer.

Jennifer kicherte auf dem Gang albern vor sich hin. »Arrividerci ist italienisch, du dumme Kuh!«, gackerte sie. »Auf spanisch heißt es ›adios‹!«

»Ich wusste doch, es war was mit A«, gab Miriam zurück.

Die beiden grinsten sich an und dann nahmen sie die Beine in die Hand. Nur zu schade, dass sie nicht beobachten konnten, wie ihr Racheplan brennende Wirklichkeit wurde.

Ein echter Kriminalfall

Überraschung!

lautete die fette Überschrift der E-Mail, die Ben gerade erhalten hatte. Sie kam von Thomas. Seine Mitteilung lautete:

Ich habe das zweite Rätsel gelöst!

Ben erinnerte sich sofort. Das zweite Rätsel, das war die leere Bildschirmseite. Noch wusste niemand, was sich dahinter verbarg. Franks Vermutung hatte ja gelautet, es habe etwas mit dem seltsamen Till-Eulenspiegel-Streich zu tun.

Dieser Spur war auch Thomas nachgegangen. Drei Tage lang hatte er fast nichts anderes gemacht als gegrübelt, wo wohl der Trick liegen könnte um auf dem leeren Bildschirm etwas sichtbar zu machen. Immer wieder geisterte ihm durch den Kopf: »Nur dumme Menschen sehen nichts!« Diese Bemerkung hatte ihn fast rasend gemacht. Er wollte nicht dumm sein; zumindest nicht zu dumm um einen Schatz zu finden, der irgendwo auf Mallorca verborgen lag, zwanzig Millionen Mark wert war und den man nur zu nehmen brauchte. Genau das war doch immer Thomas' Motto gewesen: »Das Schöne am Sammeln ist, dass es umsonst ist und man es nur zu nehmen braucht.« Und jetzt sollten andere Leute gerissener sein als er und ihm den Schatz vor der Nase wegschnappen? Das kam überhaupt nicht in die Tüte!

Ben schmunzelte, als er Thomas' ausführlichen Brief las.

Achtung, hier ist meine Lösung:

hieß es weiter. Aber nach dem Doppelpunkt folgte nichts als ein leerer Absatz. Eine große gähnende Lücke. Was sollte der Unsinn? Ben wurde allmählich ärgerlich. Erst recht, als er sah, dass nach dem leeren Absatz wieder einige Zeilen auftauchten, in denen Thomas sich köstlich zu amüsieren schien:

Du kannst wohl nichts lesen, hä?

»Nein!«, schrie Ben seinen Computer an. »Sehr lustig, Thomas!« Doch einen Satz weiter gab es endlich einen Hinweis:

Ändere mal die Hintergrundfarbe dieser Seite!

schlug Thomas vor.

Ben ahnte jetzt, was kommen würde. Schnell wechselte er auf die Funktion (EINSTELLUNGEN) seines Internet-Programms und stellte in der entsprechenden Rubrik die Hintergrundfarbe von (GRAU) auf (WEISS) um. Anschließend wechselte er wieder in den Text und sah, was er sich schon gedacht hatte: Der leere Absatz war nicht mehr leer. Statt dessen war dort in grauer Schrift auf weißem Grund zu lesen:

Siehst du, Ben? Der Trick ist ganz einfach.
Text und Hintergrund wurden bloß auf die
gleiche Farbe eingestellt. Schon wird der Text
unsichtbar!

Ben nickte. Dieser Trick war in der Tat so schlicht, dass man gar nicht darauf kommen konnte! In solchen Fällen neigte man immer dazu, etwas sehr Kompliziertes zu vermuten. Es war typisch, dass ausgerechnet Thomas die Lösung gefunden hatte. Er besaß eben das richtige Gespür für das Naheliegendste; nicht nur beim Sammeln.

Ein paar schnelle Mausklicke und Ben hatte das zweite Rätsel geladen. Die leere Seite gähnte ihn an.

»Jetzt wollen wir mal sehen, ob Thomas Recht hatte«, murmelte Ben vor sich hin. Er änderte wie zuvor in der E-Mail nun auch hier die Hintergrundfarbe. Und siehe da, auf dem Bildschirm erschien ein Text.

»Yeah!«, schrie Ben vor Freude so laut, dass Frank aus der Küche im Erdgeschoss herauf gerannt kam.

»Sieh dir das an!« Aufgeregt zeigte Ben auf den Bildschirm. Frank las:

Erste Rate:
Eine Million.
Donnerstag.
Ort folgt!

»Donnerwetter!«, staunte Frank. »Das hat aber nichts mehr mit einer Schatzsuche zu tun!«

Das sah Ben ebenso und setzte einen Eil-Rundbrief an alle Klassenkameraden der virtuellen Schulklasse auf. Natürlich schrieb er die neueste Erkenntnis auch an Jennifer und Miriam.

»Donnerstag?«, Jennifer überlegte, was am Donnerstag

los gewesen war. »War es nicht Donnerstag, als wir den Blassen mit seinem Motorboot beobachtet haben?«, fiel ihr nach einigem Überlegen ein.

Miriam nickte. »Und zwar am Nachmittag! Es könnte so gegen drei oder halb vier gewesen sein.«

»Habt ihr den Blassen heute schon gesehen?« José brachte die Eisbecher, die die Mädchen schon am frühen Morgen bestellt hatten. »Sonst kommt er jeden Morgen kurz herein und bleibt zirka eine Viertelstunde online.«

Miriam und Jennifer lächelten sich vielsagend an.

»Ich glaube, der ist heute nicht so gut zu Fuß«, antwortete Jennifer.

José zeigte wortlos zum Eingang.

Dort erschien der Blasse, das Gesicht zur Faust geballt, die Schultern hochgezogen und mit einem dicken Verband um die rechte Hand. Bleicher als blass schlurfte er mürrisch durchs Café.

Jennifer starrte dem Mann auf die Füße, als er wie immer an den Mädchen vorbei ging ohne sie zu beachten. Wieso trug er einen Verband um die Hand und nicht um die Füße?, fragte sie sich.

Miriam las ihrer Freundin die Frage vom Gesicht ab. »Er hat offenbar mit der Hand in den Schuh gefasst!«, kombinierte sie. »Vermutlich haben die Stiefel etwas geplätschert, als er sie in die Hand nahm; daraufhin hat er hinein gefasst.«

Der Blasse hockte sich vor einem freien Terminal auf den Hocker und begann umständlich mit dem Zeigefinger der linken Hand etwas in den Computer zu tippen.

»Der Ärmste!«, bemitleidete Miriam ihn.

Jennifer winkte ab.»Denk an das Blut in unserem Zelt!«, erinnerte sie nur.

Miriams Augenbrauen senkten sich zu einem kritischen Blick.»Wenn er das wirklich war!«, zweifelte sie plötzlich. Langsam drehte sie sich zu ihrem eigenen Bildschirm um und zeigte auf den Text des zweiten Rätsels in Bens E-Mail.»Vielleicht steckt er selber tief im Schlamassel!«

Jennifer erschrak. Daran, dass ihr Verdacht sich als falsch erweisen könnte, hatte sie keinen Moment gedacht. Was war, wenn der Mann wirklich unschuldig war? Wenn Sie dem Mann völlig zu Unrecht die Qualen mit den Quallen zugefügt hatte?

»Das hier klingt auf jeden Fall nicht nach Schatzsuche. Da haben die Jungs ganz Recht.«

Miriam, die als zukünftige Kriminalkommissarin keine Gelegenheit ausließ sich in kriminalistischem Spürsinn zu üben und alle Krimiserien im Fernsehen in und auswendig kannte, zählte noch einmal die Fakten auf:»Im ersten Rätsel hatten wir es mit einem Kreuzworträtsel zu tun, das einen Termin vorgab. Und zwar Dienstag hier! Hier angekommen bekommt der Empfänger im zweiten Rätsel dann — wie wir jetzt wissen — eine Geldsumme und einen neuen Termin genannt.

Außerdem erfährt er, dass noch weitere Summen folgen werden. Eine Million soll ja nur die erste Rate sein. Und im dritten Rätsel wurde dann der Ort genannt, der im zweiten Rätsel angekündigt worden war: Vom Strand aus Navigationsrichtung 210 Grad, mit der Kirche und dem Turm als Markierungen! Der Ort der Geldübergabe!«

»Geldübergabe?«, wunderte sich Jennifer. »Was denn für eine Geldübergabe?«

»Die Geldübergabe einer Erpressung!«, war Miriam von ihrem Plädoyer nun selbst überzeugt.

»Herrjeh!«, rief Jennifer aus. »Du meinst, der Blasse ist Millionär und wird erpresst? Der sieht gar nicht aus wie ein Millionär!«

Das musste auch Miriam zugeben. »Sein Zimmer machte auch nicht gerade den Eindruck!«

»Ach du Schreck!«, rief Jennifer aus. Sie musste plötzlich an ihren Besuch im Hotelzimmer des Mannes denken. »Die Quallen! Also, wenn er wirklich unschuldig ist, dann muss ich mich bei ihm entschuldigen!«

Miriam hielt ihre Freundin fest. »Du kannst doch nicht einfach zu ihm gehen und alles beichten!«

Genau das hatte Jennifer vor. Einen Unschuldigen so gemein zu bestrafen, wie sie es getan hatte, das musste sie aus der Welt schaffen!

Miriam blieb keine Zeit weitere Einwände vorzubringen. Jennifer war bereits losgelaufen. Verlegen stand sie nun vor dem Mann, der sie wie immer nicht beachtete. Er starrte auf den Monitor, auf dem eine eigenartige Liste mit Zahlen in einem Höllentempo über den Bildschirm jagte.

Jennifer räusperte sich.

Der Mann fuhr herum, sah Jennifer erschrocken an, fluchte, tippte mit der linken Hand auf einigen Tasten herum. Die rasende Zahlenreihe verschwand, der Bildschirm wurde schwarz. »Verschwinde, verdammt!«, zischte der Mann Jennifer an. »Was hast du hier zu suchen?«

»Ich war's!«, hauchte Jennifer, senkte schüchtern den Kopf und zeigte zaghaft auf die verbundene Hand des Mannes.

Der Blasse verstand natürlich überhaupt nicht, was Jennifer von ihm wollte.

»Das mit Ihrer Hand«, ergänzte Jennifer stockend. »Das kommt von den Feuerquallen, nicht wahr?«

Der Blasse glotzte seine Hand an, hob den Kopf wieder zu Jennifer. Er war sichtlich verwirrt.

Miriam stellte sich neben Jennifer. Sie hielt es zwar für eine dumme Idee dem Mann alles zu erzählen, aber wenn sie es schon nicht verhindern konnte, dann wollte sie ihre Freundin damit auch nicht allein lassen.

»*Wir* haben Ihnen die Quallen in die Stiefel gesteckt!«, rief Miriam dazwischen.

Der Mann sah die beiden Mädchen an, als wäre der leibhaftige Teufel vor ihm aufgetaucht. Die Unverfrorenheit der Mädchen verschlug ihm die Sprache.

Bevor er vor Wut explodieren oder sonst etwas Unüberlegtes unternehmen konnte, fuhr Jennifer dazwischen. »Wir dachten eben, Sie wären das gewesen, der nachts immer in unser Zelt einbricht!«

»Und uns bedroht!«, ergänzte Miriam fix. »Aber wir wissen jetzt, dass Sie selbst nur erpresst werden!«

Die Gesichtsfarbe des Mannes war nun einem heftigen Wechselspiel unterworfen. Zuerst war das Gesicht blass gewesen wie immer. Für einen kurzen Moment hatte es einen rötlichen Ton angenommen. Jetzt, so war Jennifers Eindruck, wies es eindeutig grüne Farbtöne auf. Der Mund in diesem blass-rot-grünen Gesicht öffnete und schloss sich in regelmäßigen Abständen wie bei einem Fisch im Aquarium; aber er brachte keinen Ton hervor.

»Wir wissen alles«, platzte Miriam heraus. »Von den Millionen, die Sie ratenweise zahlen müssen, und dass die Geldübergabe auf dem Meer stattfindet.«

»Ja«, übernahm wieder Jennifer das Wort. Der Mann schien gar nicht zornig zu sein, eher unendlich verwundert. »Navigationsrichtung 210 Grad. Fixpunkte Kirche und Turm.«

Jetzt schoss der Mann aus heiterem Himmel empor, als hätte ihn jemand mit der Stecknadel gepiekt. »Schluss!«, piepste er. Seine Stimme hatte sich vor Erregung überschlagen. »Raus hier! Schnell!« Er packte Miriam mit der gesunden Hand am Genick, stieß Jennifer mit der verbundenen vor sich her und schob so beide Richtung Ausgang.

Blitzartig war José zur Stelle. Mit einem gekonnten Sprung hüpfte er über den Tresen und raste auf den Blassen zu. »Stopp!«, schrie er und sprang dem Mann von hinten auf den Rücken, wobei er mit den Armen den Hals des Mannes umschlang.

»Verdammt noch mal, was ist denn jetzt los?«, stöhnte der Bleiche. »Seid ihr denn alle verrückt geworden?«

Ben saß derweilen vor seinem Bildschirm an dem vierten Rätsel. Es zeigte ein Silbenrätsel. In den obersten Zeilen des Bildschirms waren die zu verwendenden Silben aufgelistet:

pro-a-kurs-va-eu-fünf-cher-sonn-sum-me-
len-bend-gel-sechs-zes-ort-sor-kre-spie-

rest-dit-in-sti-tut-kon-zehn-mo-dem-ja-uhr-glei

Darunter waren die einzelnen Fragen zu beantworten:
Spieleranzahl Volleyball:
Siegespunktzahl Badminton:
Zeitmesser:
selbige:
Standpunkt:
Wochentag:
Deutsche Sagenfigur:
Herzstück eines Computers:
Große kriminelle Vereinigung:
Pleite:
Datenübertragungsgerät:
Programmiersprache:
Überbleibsel:
Ergebnis der Addition:

»Ach du liebe Zeit!«, stöhnte Ben. Er hatte allmählich genug von den Rätseln. Beinahe sehnte er sich nach den banalen Fragen seiner virtuellen Unterrichtseinheit zurück.

Die Projektleiter waren inzwischen sicher schon der Verzweiflung nahe, weil sich keiner der Schüler mehr ernsthaft für das virtuelle Schulprojekt interessierte. Zu sehr waren alle damit beschäftigt, den Geheimnissen des Zwanzig-Millionen-Rätsels auf die Spur zu kommen. Davon wussten die Lehrer und Projektleiter natürlich nichts. Und so hatten auch sie ihr Rätsel zu knacken: Warum machte niemand ihrer Schüler mehr im virtuellen Unterricht mit?

⇩
129

⇩

130

Ben schmunzelte bei dem Gedanken und berief eine neue Chat-Konferenz ein. »Jetzt sind wir schon so weit, nun wollen wir die Sache auch zu Ende bringen«, rief er Frank zu. Der legte seinen Comic beiseite und setzte sich neben Ben. Wäre doch gelacht, wenn man das vierte Rätsel nicht auch gelöst bekäme.

Im Internet-Café hatten sich die Turbulenzen inzwischen wieder gelegt. Nachdem der Blasse unter dem Würgegriff von José gerade noch hervorröcheln konnte, dass er lediglich mit den Mädchen sprechen wollte, dies aber unter vier oder genauer sechs Augen, hatte José den Mann schließlich wieder losgelassen und ein Hinterzimmer zur Verfügung gestellt. Dort saßen jetzt der blasse Mann, Miriam und Jennifer um einen kleinen, runden Tisch herum. José hielt Wache am Eingang, für alle Fälle einen Baseballschläger in der Hand, der sonst unter dem Tresen aufbewahrt wurde. Er war festen Willens die Mädchen zu beschützen, wenn der blasse Deutsche Zicken machen sollte.

»Also, noch mal von vorne«, bat der Mann, während er sich innerlich zur Ruhe zwang. »Wieso glaubt ihr, dass ich erpresst werde?«

Miriam und Jennifer berichteten ihm nun in allen Einzelheiten, wie sie Stück für Stück die Rätsel gelöst, welche Beobachtungen sie gemacht und welche Schlussfolgerungen sie daraus gezogen hatten. Als das Bleichgesicht hörte, dass nicht nur die beiden Mädchen und José in die Sache verwickelt waren, sondern zudem noch eine ganze Schulklasse, die sich quer über Deutschland verteilte und lustig im Internet den ominösen Rätseln auf der Spur war, wurde er noch blasser, als er ohnehin schon war.

»Ihr müsst damit aufhören!«, beschwor er die Kinder. »Sofort! Es ist viel zu gefährlich!«

Das sah Jennifer auch so. »Ich denke auch, wir sollten endlich zur Polizei gehen. Denn die nächtlichen Besuche in unserem Zelt sind wirklich kein Scherz mehr.«

Wenn es je eine Steigerung der Farbe weiß gab, dann trug der Mann sie jetzt im Gesicht. »Bloß keine Polizei!«, stöhnte der Mann laut auf. »Das wäre ja eine Katastrophe!«

Jennifer und Miriam sahen sich an. Erst jetzt bemerkten sie, dass sie den Mann noch gar nicht gefragt hatten, womit er eigentlich erpresst wurde. Bei der Angst, die er vor der Polizei zeigte, musste er etwas Ungeheures auf dem Kerbholz haben!

Aber das Bleichgesicht winkte ab. »Ganz im Gegenteil!«, seufzte er. »Ich bin selbst so eine Art Polizist!«

Das war allerdings das Letzte, womit die Mädchen gerechnet hätten.

»Mein Job, mein Ruf und meine Zukunft stehen auf dem Spiel!«, jammerte der Mann weiter.

Jetzt wurde es Miriam aber zu dumm. »Ich verstehe überhaupt nichts mehr! Wieso haben Sie solche Angst vor der Polizei, wenn Sie selbst ein Polizist sind?«

Der Mann sah Miriam bekümmert an. Er rang mit sich, ob er den Mädchen nun alles erzählen sollte.

Miriam spürte seine Zweifel. »Ich denke, wir gehen doch lieber zur Polizei!«, setzte sie nach.

»Ich bin nur so etwas Ähnliches wie ein Polizist«, begann

der Blasse jetzt endlich zu erzählen.»Ich bin in der Sicherheitsabteilung einer großen Bank beschäftigt. Ich bin für die Sicherheit des Computersystems verantwortlich.«

Und deshalb machte der Typ solch einen Zirkus?, wunderte sich Miriam.»Sie passen bloß auf, dass niemand die Computer stiehlt?«, fragte sie enttäuscht. Nach all den Geheimniskrämereien hätte sie wahrlich mehr erwartet.

Aber das Bleichgesicht widersprach.»Nein, ich bin für die Sicherheit der Daten verantwortlich!«

Jennifer und Miriam sahen den Mann kritisch an. Das musste er jetzt aber mal genauer erklären.

Der Blasse holte tief Luft und bemühte sich seinen komplizierten Beruf mit möglichst einfachen Worten zu beschreiben.»Die Computer innerhalb einer Bank stehen natürlich nicht nur für sich allein, sondern alle sind miteinander verbunden. Man sagt dazu, sie sind vernetzt.«

Die Mädchen nickten ungeduldig. Ganz so weltfremd waren sie ja auch nicht. Meinte der Blödmann etwa, sie hätten überhaupt keine Ahnung von der modernen Technik?

Der Mann ließ sich aber nicht aus dem Konzept bringen.»Und natürlich sind die Computer nicht nur untereinander vernetzt, sondern auch mit denen anderer Banken, sonst ginge es ja gar nicht, dass man bargeldlos per Überweisung bezahlt.«

Auch das war logisch.

»Also ist es mit den Bankcomputern möglich, dass man Kontakt mit der Außenwelt aufnimmt und Daten herausgibt.« Er machte eine kurze Pause, in der sein Gesichtsausdruck noch trauriger wurde als er ohnehin schon war.

»Aber überall, wo man aus einem Computersystem heraus kommt, kommt man natürlich auch hinein.«

»Sie meinen, jemand hackt sich in Ihr Computersystem, obwohl er es eigentlich nicht darf«, ergänzte Jennifer.

Der Mann nickte. »Meine Aufgabe ist es, dieses zu verhindern. Also die Sicherheitslücken in unserem Computersystem aufzuspüren und sie zu schließen, damit kein Hacker in das System hinein kommt.«

Das konnten Jennifer und Miriam ohne weiteres nachvollziehen.

»Aber hin und wieder gelingt es doch dem einen oder anderen«, gab der Mann zu, wobei er seine Verlegenheit nicht ganz verbergen konnte. »Schlimm genug, aber den meisten genügt es, einmal drinnen gewesen zu sein. Sie reizt nur die technische Herausforderung unser System zu knacken. Danach verschwinden sie wieder, ohne Schaden angerichtet zu haben.«

Jennifer ahnte, dass es diesmal anders gelaufen war.

»Aber der Hacker, der jetzt in unserem Netz ist, ist von der ganz üblen Sorte«, fuhr der Bleiche fort. »Er zockt sich nicht etwa ein paar Tausend Mark von irgendeinem Konto ab, was allein schon eine Katastrophe, aber durchaus möglich wäre, sondern ...«

»Moment mal!«, rief Miriam dazwischen. »Sie meinen, ein Hacker kann in ihr System einbrechen und — sagen wir mal — von meinem Konto Geld abheben, ohne dass man etwas dagegen machen kann?«

»Theoretisch und auch praktisch ja«, formulierte der Blasse etwas umständlich, aber ehrlich. »Natürlich bestreitet das jede Bank. Denn für jedes Geldinstitut wäre es der Ruin, wenn bekannt würde, dass Hacker in ihr Computersystem eindringen können. Deshalb ist ja alles streng geheim. Und deshalb gibt es uns. Wir sollen verhindern, dass jemand herein kommt.«

»Aber dieser Hacker, der jetzt drinnen ist ....«, nahm Jennifer den alten Faden wieder auf.

»... droht damit, das gesamte Computersystem zu zerstören, wenn ich ihm nicht zwanzig Millionen abzweige. So hinterlässt er auch keine Spuren im Netz, sondern ich«, stöhnte der Mann. »Ein hundsgemeiner, teuflisch gerissener Plan. In den USA gehört diese Methode bereits zu den erfolgreichsten Verbrechen überhaupt.«

Die Mädchen ahnten, was diese Erpressung für den Mann bedeuten musste.

»Wenn er seine Drohung wahr macht, geht die Bank pleite. Tausende Sparer verlieren ihr Geld. Ich habe solche Angst davor, dass ich nicht einmal meinen Chefs von diesen Vorgängen erzählt habe. Statt dessen versuche ich, scheinbar die Forderungen des Erpressers zu erfüllen, dabei Zeit zu gewinnen und ihn im Netz zu erwischen und lahmzulegen. Ich glaube, ich habe seit fast zwei Wochen nicht mehr richtig geschlafen.«

Das erklärte, weshalb der Mann selbst auf Mallorca weiß wie ein Schafskäse war.

»Und deshalb kann ich auch nicht zur Polizei gehen«, beendete der Mann seinen Bericht. »Wenn bekannt wird, dass sich ein Verbrecher im Netz befindet, würde das dem Ruf der Bank so sehr schaden, dass sie ebenso Konkurs gehen würde, so als ob der Täter seine Drohung wahr machen würde. Ein Teufelskreis!«

Jennifer und Miriam sahen mit ernsten Mienen auf den Fußboden. Sie hatten es mit einem handfesten, hochgefährlichen Kriminalfall zu tun. Und das Schlimmste: Sie selbst waren knüppeldick darin verwickelt. Es gab wohl keinen Zweifel mehr: Die nächtlichen Besuche in ihrem Zelt stammten von niemand anderem als von dem Erpresser, weil er bereits seit einiger Zeit glaubte, die Mädchen wüssten über alles Bescheid.

»Das ist eine gottverdammte, verfluchte Scheiße!«, schrie Miriam ihre Angst heraus. »Was sollen wir denn jetzt bloß machen?«

Jetzt wird's ernst

»Weshalb sitzen Sie eigentlich immer im Internet-Café? Sie haben hier doch alles, was Sie brauchen?« Jennifer sah sich ausführlich im Hotelzimmer des bleichen Mannes um, der sich den Mädchen auf dem Weg als Alwin Godewind vorgestellt hatte.

Herr Godewind lachte verächtlich. »Ihr könnt mir glauben, mir wäre es lieber, ich hätte nur von hier aus operiert. Aber der Erpresser verlangte, dass ich ins Café gehe. Was nichts anderes heißt, als dass er in der Nähe ist und mich beobachtet!« Er ließ seinen Blick über die beeindruckende technische Ausrüstung schweifen, die kreuz und quer in seinem Hotelzimmer ausgebreitet war. »Ich hoffe, von diesem Ganzen hier weiß er nichts!«

»Sie sind ihm auf der Spur?«, fragte Miriam hoffnungsvoll nach.

»Nicht so richtig!«, gab Herr Godewind zu. »Das Problem ist, dass man ihn aufspüren müsste, während er online ist. Zweimal war ich schon direkt mit ihm in Verbindung. Aber vom Café aus. Dort habe ich nicht die technischen Möglichkeiten seine Spuren zu verfolgen.«

Jennifer runzelte nachdenklich die Stirn. Wenn sie es richtig verstanden hatte, dann brauchte Herr Godewind einen Partner, einen, der eine Art virtuelle Überwachung übernehmen konnte, während er selbst sich im Café bewegte und den Erpresser in Sicherheit wiegte.

So in etwa hatte sich auch Herr Godewind den Plan gedacht.

Jennifer lächelte. Sie kannte einen, der wohl wie kein Zweiter geeignet war, diese Aufgabe zu erfüllen, auch wenn er sehr weit entfernt war. Sie erzählte Herrn Godewind von Ben!

Herrn Godewind war es überhaupt nicht wohl dabei, noch mehr Kinder in dieses Abenteuer zu verwickeln. Die beiden Mädchen waren eigentlich schon zu viel. In Gedanken ging er noch einmal die Möglichkeiten durch, die ihm zur Verfügung standen: Er konnte immer noch zur Polizei gehen. Aber er wusste, dass sowohl der deutschen als auch der spanischen Polizei die technischen Mittel und das geeignete Personal fehlten um einen Verbrecher im Computernetz zu verfolgen. Die meisten Polizeibeamten schrieben ihre Berichte noch auf mechanischen Schreibmaschinen. Wie sollte man denen erklären, was ein virtueller Banküberfall war? Dem Erpresser aber würde das Einschalten der Polizei sicher übel aufstoßen. Wer wusste schon, was er dann anrichten würde? Es machte die Lage der Kinder nicht sicherer.

Die zweite Möglichkeit war die Bankkollegen hinzuzuziehen. Das konnte Herr Godewind immer noch machen, könnte aber auch dem Erpresser auffallen und die Mädchen nicht aus der Schusslinie des Erpressers bringen. Im Gegenteil: Der Erpresser hatte die Mädchen auf dem Kieker, wusste, wo sie wohnten, und man musste aufpassen, dass er sich die Kinder nicht wirklich als Druckmittel auserkor. Da war es schon besser, die Kinder selbst mit einzubeziehen. Desto mehr sie von dem Fall wussten, desto vorsichtiger würden sie selbst aufpassen und agieren können.

Verzweifelt stimmte Herr Godewind schließlich zu. »In Gottes Namen!«, seufzte er. »Versuchen wir es mit Ben und seinen Freunden. Von denen ahnt der Erpresser jedenfalls nichts. Vielleicht können wir das als Vorteil nutzen.«
Die Mädchen zwinkerten sich zufrieden zu. Die Jagd im Internet konnte beginnen!
»Ich kenne übrigens noch einen Computerfreak. Und der sitzt sogar auf Mallorca!«, fügte Miriam noch hinzu.
Herr Godewind sah erstaunt auf.
»Mein Cousin!«, erklärte Miriam. Sie sah Jennifer an. »Ich habe dir doch von ihm erzählt.«
Jennifer erinnerte sich. »Ich denke, du kannst ihn nicht ausstehen?«
»Kann ich auch nicht«, räumte Miriam ein. »Aber von Technik versteht er wirklich etwas. Und unter diesen Bedingungen ...«
»... wäre das großartig!«, freute sich Herr Godewind. »Jemanden im Netz zu erwischen reicht nämlich nicht. Noch kann man niemanden virtuell verhaften. Irgendwann muss man den Erpresser tatsächlich am Schlafittchen kriegen!«
Herr Godewind sprang auf. Mit einem Mal wirkte er sehr aufgeregt. In das blasse, resignierte Häufchen Elend geriet Bewegung, seine Augen bekamen einen glänzenden Schimmer, seine Mundwinkel zuckten erregt. Er nahm einen seltsamen Kasten von der Nachtkommode und hielt ihn den Mädchen vor die Nase. »Ich zeige euch jetzt mal was«, erklärte er und öffnete den schwarzen Kasten, der wie eine billige Schmuckschatulle aussah. Jennifer glaubte in seinem Gesicht ein spitzbübisches Grinsen zu erkennen. »Ihr müsst

das, was ihr gleich sehen werdet, nicht unbedingt weiter erzählen«, fügte Herr Godewind noch hinzu und präsentierte – nicht ganz ohne Stolz, wie Jennifer schien – den Inhalt des Kästchens: ein Funktelefon.
»Na toll!«, stöhnte Miriam verächtlich. Dieser Typ machte immer eine Riesenshow um nichts. »Glauben Sie, wir haben noch nie ein Handy gesehen?«
Herr Godewind schmunzelte, drehte das Telefon um, so dass man sehen konnte, dass es keine Rückwand besaß.
»Wisst ihr wirklich, was ein Funktelefon ist?«, fragte er allen Ernstes.
»Nein«, antwortete Miriam schnippisch. »Bei uns zu Hause schicken sie noch Brieftauben.«
»So, so«, kicherte Herr Godewind. Das kleine Spielzeug in seiner Hand schien ihm sichtlich zu gefallen. »Dann passt mal auf!«
Er stellte das Telefon an, fummelte im Inneren des Handys herum, drückte ein paar Tasten. Plötzlich hörten Miriam und Jennifer Stimmen aus dem Telefon. Eine Frauenstimme sagte etwas auf Spanisch. Eine brummende Männerstimme schien ihr zuzustimmen. Die beiden Stimmen verschwanden. Es rauschte. Zwei andere Stimmen waren zu hören. Sie sprachen englisch. Auch dieses Gespräch wich wieder einem Rauschen, das nach kurzer Zeit einem Dialog in deutscher Sprache Platz machte. Und so weiter. Innerhalb weniger Minuten hörten die Mädchen in fünfzehn oder zwanzig Gespräche hinein.
»Was ist das?«, wunderte sich Jennifer.
»Ach, nichts weiter!«, triumphierte Herr Godewind ver-

139

gnügt. »Wir surfen nur gerade durch verschiedene Kanäle des Mobilfunktelefon-Verkehrs!«

»Stop!«, rief Miriam dazwischen. »Sie können mit dem Ding Telefongespräche abhören?«

Herr Godewind nickte. »Ein Funktelefon ist nichts anderes als ein kleiner, billiger Computer mit Funkempfängern. Es ist ein Kinderspiel, sie zu Abhörgeräten umzuprogrammieren.«

Jennifer stockte der Atem. Erst hatte der Typ ihr erläutert, dass jeder geschickte Technikfreak sich an ihr Konto heranmachen konnte. Und jetzt war es auf noch leichtere Art möglich, alle erdenklichen privaten Telefonate abzuhören! Es schien ihr, als wäre sie durchsichtig wie Glas und jeder dahergelaufene Hacker könnte in ihrem Leben herumkramen, wie es ihm gerade beliebte. Er brauchte dazu nichts weiter als ein bisschen Technik für ein paar lumpige hundert Mark und technisches Geschick!

»Ich möchte euch nicht zu sehr schocken«, bemühte sich Herr Godewind zu beschwichtigen. »Aber wenn euch jemand weismachen will, irgendwelche Technik sei sicher und könne nicht missbraucht werden, dann dürft ihr ihn getrost auslachen und einen schönen Gruß von mir bestellen!«

»Tolle Aussichten!«, bemerkte Jennifer. »Und warum zeigen sie uns das?«

»Weil dies der wunde Punkt des Erpressers ist!«, dozierte Herr Godewind und zeigte auf einen Apparat mit vielen Lämpchen und wenigen Schaltern, der auf dem Kühlschrank stand. »Das da ist ein besonderes Peilgerät. Sozusagen die ausgereiftere Form eines umgebauten Handys.

Damit kann man bis zu einem gewissen Grad jemanden aufspüren, der gerade ein Funktelefon benutzt.«

Bei so viel Technik wurde Jennifer ganz schwindelig. Diese vielen Geräte mit ihren ebenso gigantischen wie undurchsichtigen Möglichkeiten machten ihr Angst. Kaum hatte sie von einer Anwendung gehört und begriffen, was man damit machen konnte, wurden schon wieder zig neue entwickelt, die sie beobachten, durchleuchten und bedrohen konnten. Und vor allem: zum ersten Mal war sie mit technischen Möglichkeiten konfrontiert, von denen offenbar noch nicht einmal Ben etwas gehört hatte. Jedenfalls hatte er davon noch nie etwas erzählt. Und das bedeutete: Wenn der verrückte Computerfreak Ben schon dem Entwicklungstempo nicht standhalten konnte, wie sollten dann normale Menschen mit dieser Techniklawine umgehen?

Es nützte nichts. Wer regungslos stehenblieb und nur ängstlich zusah, wie die Lawine auf einen zuraste, der war unweigerlich verloren. Die einzige Chance war, aktiv zu werden und sich der Gefahr zu stellen. Jennifer holte sich mit einem Räuspern aus den dunklen Gedanken heraus, klatschte einmal in die Hände wie vor einer wichtigen Turnübung und blickte forschend in die Runde. »Okay«, sagte sie. »Was haben wir zu tun?«

Herr Godewind lächelte zufrieden. »Wir werden einen Köder auslegen!«, antwortete er.

Frank schleuderte den Haken mit Großvaters alter Wurfangel so weit er konnte hinaus ins Meer. »Ich wette, ich fange den weißen Hai!«, rief er übermütig hinterher.

Ben lag gemütlich auf dem Bootssteg neben Frank und amüsierte sich über seinen Freund: »Haie in der Nordsee! Hier beißt bestenfalls eine Nordseekrabbe an!«

Frank kicherte bei der Vorstellung, dass eine Krabbe in einen Haken biss, der fünfmal größer war als das Tier selbst. »Welche Fische gibt es hier eigentlich?«

»Silberfischchen!«, antwortete Ben, wobei er sich bemühte ernst zu bleiben.

In der Tat verstand Frank den Witz nicht. »Sind die groß?«, fragte er allen Ernstes nach.

Ben ließ seinen Freund im Unwissen, schmunzelte vor sich hin und widmete sich wieder seinem Silbenrätsel, das er vor sich liegen hatte. Seine Angel lehnte unbeaufsichtigt an einem Stuhl und ließ den Haken unkontrolliert im Wasser baumeln.

Ben war sich sicher, dass er nichts fangen würde. Er hoffte es auch, denn er hätte gar nicht gewusst, was er mit einem Fisch am Haken anfangen sollte.

Einen Teil der Fragen hatte er bereits gelöst und die entsprechenden Silben weggestrichen, so dass sein Zettel so aussah:

~~pro~~-a-kurs-sti-~~va~~-eu-fünf-cher-sonn-sum-dit-me-len-bend-gel-~~sechs~~-~~zes~~-ort-~~sor~~-kre-spie-rest-in-tut-kon-zehn-~~mo~~-~~dom~~-~~ja~~-uhr-glei

Spieleranzahl Volleyball: sechs
Siegespunktzahl Badminton :
Zeitmesser:
selbiger:

Standpunkt:
Wochentag:
Deutsche Sagenfigur:
Herzstück eines Computers: Prozessor
Große kriminelle Vereinigung:
Pleite:
Datenübertragungsgerät: Modem
Programmiersprache: Java
Überbleibsel:
Ergebnis einer Addition:

»Sag mal, Frank. Bei welcher Punktzahl hat man im Badminton gewonnen?«

»Fünfzehn!«, antwortete Frank prompt, ohne auch nur eine Sekunde überlegen zu müssen.

Ben schrieb die Antwort auf.

Frank holte seinen Haken ein, band einen neuen Köder daran und schleuderte ihn wieder hinaus ins Meer. »Echt gerissen, diese Silberfischchen!«, staunte er. »Die fressen immer den Köder ab, beißen aber nicht an!«

Ben musste laut lachen: »Du bist wirklich ein großer Angelexperte!«

Frank sah sich verdutzt um. »Wieso? Gibt's hier doch keine?«

Ben klärte seinen Freund auf: »Nach Silberfischchen kannst du hier lange angeln. Das sind nämlich keine Fische, sondern kleine, silberne Insekten. Ungeziefer. Die kannst du im Badezimmer finden oder hinter Tapeten, aber nicht im Meer!«

⇩

143

»Ach nee, wie ausgesprochen komisch!«, antwortete Frank und legte seine Angel beiseite. »Und ich dachte, die springen durchs Meer wie die Flimens.«

»Wie was?«, Ben glaubte sich verhört zu haben. Was waren denn Flimens?

»Du kennst keine Flimens?«, fragte Frank spöttisch nach. »Ganz einfach, das sind FLIegende MENSchen – so wie du!«

Noch ehe Ben sich wehren konnte, hatte der kräftige Frank ihn an Armen und Beinen gepackt, hob das Fliegengewicht hoch und warf seinen besten Freund im hohen Bogen vom Steg hinunter ins Wasser.

Ben schrie, konnte gerade noch rechtzeitig den Mund zumachen, bevor er mit Haut und Haaren, Jeans und T-Shirt in der Nordsee unterging. Zehn Sekunden später tauchte er fluchend, schimpfend und spuckend wieder auf.

»Weißt du eigentlich, wie saukalt das ist?«, maulte er aus dem Wasser.

»Nö«, antwortete Frank mit frechem Grinsen. »Woher auch? Bei dem Wetter würde ich niemals schwimmen gehen!«

»Das ist wieder typisch Ben!«, ärgerte sich Jennifer. »Tagtäglich überschüttet er einen mit E-Mails. Aber wenn man ihn mal braucht, dann ist er wie vom Erdboden verschwunden! Wieso meldet der Kerl sich nicht?«

Jennifer saß mit Miriam wieder im Internet-Café und starrte auf das Briefkuvert-Symbol, unter dem gähnende Leere herrschte, statt neue Post anzuzeigen.

»Vielleicht hat er ein nettes Mädchen kennengelernt?«, stichelte Miriam.

Jennifer prustete verächtlich aus. »Auf Langeneß? Meinst du, der hat sich in eine Robbe verliebt? Was anderes läuft doch da nicht herum.«

Miriam stellte sich kurz die innige Umarmung zwischen Ben und einem fettleibigen Seehund vor. »Na ja«, frotzelte sie. »Die Figur ist er ja gewöhnt.«

Zack! Da hatte sie von Jennifer eine sitzen. »Nicht noch mal so einen Spruch«, warnte Jennifer, musste dabei aber doch lachen.

Schnell wurden beide wieder ernst. »Meinst du, das mit dem Köder klappt?«, fragte Miriam.

Jennifer zuckte mit den Schultern. »Ich hoffe, dein Cousin hat wirklich was auf dem Kasten. Wo bleibt der eigentlich?« Jennifer sah auf die Uhr. »Ist der immer so unpünktlich?«

Die Frage konnte Miriam nicht beantworten. Schließlich hatte sie sich ihren Vetter bislang erfolgreich vom Hals gehalten. Gerade überlegte sie, ob sie ihn noch einmal anrufen sollte, als er das Internet-Café betrat.

Jennifer sah ihn prüfend an. Er sah genau so aus, wie Schulpsychologen oder Hollywood-Regisseure sich jugendliche Computerspezialisten vorstellten: glanzlose Haare ohne Schnitt, die wirkten wie abgebissen; eine Brille, so dick wie Gurkengläser; Pickelgesicht und fetter Körper. Sein T-Shirt mit dem Akte-X-Emblem war zu eng und durchgeschwitzt, seine abgeschnittene Jeans zu lang, um als Shorts und zu kurz, um als Bermuda-Hose durchzugehen. Die dicken Turnschuhe machten das Ende der Beine zu Klumpfüßen. Nur seine sonnengebräunte Haut passte nicht zu dem Klischee des vereinsamten Computerbastlers.

Jennifer konnte sich auf Anhieb vorstellen, dass Miriam mit ihrem Cousin nichts anfangen konnte. Er schien sich wirklich für nichts weiter als Technik und Science-Fiction zu interessieren. Auch Ben war ja ein begeisterter Computerfreak, aber mit ihm konnte man doch auch außerhalb vom Bildschirm allerhand Dummheiten anstellen, Abenteuer erleben, herumalbern. Dass so etwas auch mit diesem schwitzenden Walross möglich sein sollte, schien undenkbar. Sofort tat er Jennifer auch ein bisschen leid.

»Hi, man nennt mich Porky!« Porky wälzte sich Jennifer entgegen, streckte ihr seine schweißnasse Hand hin.

Jennifer packte zu und drückte ihm freundschaftlich die Hand. Solch unbefangener Körperkontakt war für Porky offensichtlich schon zu viel. Schüchtern schaute er an Jennifer vorbei in die Halle, wobei sein Blick aber keinen Punkt fixierte, sondern unsicher umherirrte. Er konnte Jennifer nicht in die Augen schauen. Jennifer quälte ihn nicht länger, ließ Porkys Hand los und schlug vor erst mal eine Runde Cola zu bestellen. Erleichtert über die Möglichkeit von Jennifer fortzukommen rumpelte Porky dem Tresen entgegen.

Hinter seinem Rücken zuckte Miriam entschuldigend mit den Schultern. »Für seine Verwandten kann man nichts!«, flüsterte sie Jennifer zu. »Aber verlass dich drauf. Technisch hat er wirklich was drauf.«

Porky schien am Tresen festzukleben. Obwohl José ihm längst die verlangten drei Cola vor die Nase gestellt hatte, bewegte sich Porky keinen Zentimeter.

Miriam rollte die Augen gen Himmel und seufzte leise. »Immer dasselbe«, flüsterte sie Jennifer entgegen. »Wenn wir ihn nicht auffordern zu uns zu kommen, schlägt der da noch Wurzeln vor lauter Schüchternheit.«
»Was für ein armes Würstchen«, antwortete Jennifer mitleidig. Unbarmherzig pfiff Miriam auf zwei Fingern. Porky zuckte unter dem schrillen Laut zusammen und drehte sich unbeholfen um.
Miriam winkte ihm energisch zu. »Wartest du, dass die Cola warm wird oder was?«, herrschte sie ihren Cousin an.
Jennifer stieß ihre Freundin unauffällig in die Seite. Ihr kam Miriams Verhalten doch etwas zu rüpelhaft vor. Schnell ging sie Porky entgegen und lächelte ihm milde zu. »Ich helfe dir tragen«, bot sie ihm mit sanfter Stimme an.
Miriam hatte die Hände in die Hüfte gestützt und schüttelte den Kopf. Porky bedankte sich mit leichtem Kopfnicken, wobei er aber wieder seitlich an Jennifer vorbeisah.
Miriam klärte sofort die Fronten. »Hör zu, Porky. Wir brauchen deine Hilfe. Wenn du uns helfen willst, bestens. Wenn nicht, auch okay.«
Porky setzte die Cola an, sog das koffeinhaltige Getränk mit einem Zug in sich hinein wie ein Industriestaubsauger, stellte die leere Flasche drei Sekunden später wieder ab und nickte Miriam zu. »Verstanden!« Es folgte ein langer Rülpser, der ihm sichtlich peinlich war.
»Worum es geht, wird dir Herr Godewind erklären, im Hinterzimmer«, sagte Miriam und ging voran. Bevor sie die Tür zu dem Raum hinter dem Tresen öffnete, fügte sie noch hinzu: »Wir müssen einen Hacker fangen.«

Technische Falle

Die Projektleiter waren verzweifelt. Wochenlang hatten sie an dem Unterrichtskonzept gefeilt, die Rätsel zusammengetragen, T-Shirts und Baseballkappen bedrucken lassen. Und jetzt drohte das ganze schöne virtuelle Unterrichtskonzept zu zerbrechen. Die Lehrer in der Vorbereitungsgruppe hatten selbst erstmalig am Computer gesessen und sich dafür von manchem Kollegen argwöhnisch beäugen lassen müssen. Sie waren aus dem Staunen nicht heraus gekommen, weil sie zuvor keinen Schimmer davon gehabt hatten, welche Möglichkeiten die Vernetzung der Computer bot. Auch jetzt hatten sie noch nicht allzu viel davon begriffen, was tatsächlich möglich war, weil sie genügend damit zu tun gehabt hatten, die Grundbegriffe zu lernen. Die Folge war ein Desaster. Die Lehrer hatten ihre Schüler mal wieder gehörig unterschätzt. Die Fachleute der Computerfirmen hatten sich dummerweise auf die Lehrer verlassen und jetzt hatten sie den Salat.

Statt in stundenlangen Videokonferenzen über die Lösung der Schulrätsel zu knobeln, wie es das Projekt vorsah, hatten die Schüler sich lässig dieser Aufgabe entledigt. Sie hatten einfach die Schulrätsel innerhalb weniger Stunden quer über die Erdkugel verteilt, in Hunderten Internetseiten abgelegt, nicht ohne bekannt zu geben, dass sagenhafte Preise zu gewinnen seien. Letzteres war zwar maßlos übertrieben, denn es gab ja nur T-Shirts und Baseballkappen zur Belohnung, aber das wusste ja niemand. So ließ der Erfolg nicht lange auf sich warten. Kaum tauchte wieder ein neues

Rätsel des Unterrichtsprojektes auf (diesmal zum Beispiel die scharfsinnige Frage: Peters Mutter hat drei Söhne: Tick, Trick und ....? Die Antwort lautete natürlich nicht Track, sondern Peter!), wurden die Pädagogen innerhalb kürzester Zeit mit unzähligen E-Mails überschüttet, auf denen die Lösung stand. Von überall her bekam die Schule Post: aus Grönland, Japan, Südafrika, USA, Australien. Nur von den eigentlichen Teilnehmern des Schulprojektes war niemand dabei.

Ben und seine Mitschüler hatten Wichtigeres zu tun. Das Silbenrätsel war schon beachtlich vorangekommen. Noch aber fehlte eine Eintragung: die kriminelle Vereinigung. Ben sah sich an, was seine Internet-Schulklasse schon herausgeknobelt hatte:

~~pro-a-kurs-~~sti-~~va-eu-~~fünf-~~cher-sonn-sum-~~dit-~~me-len-bend-gel-sechs-zes-ort-sor-~~kre-~~spie-rest-~~in-tut-~~kon-zehn-mo-dem-ja-uhr-glei~~

Spieleranzahl Volleyball: sechs
Siegespunktzahl Badminton : fünfzehn
Zeitmesser: Uhr
selbiger: gleicher
Standpunkt: Ort
Wochentag: Sonnabend
deutsche Sagenfigur: Eulenspiegel
Herzstück eines Computers: Prozessor
große kriminelle Vereinigung:
Pleite: Konkurs
Datenübertragungsgerät: Modem

⇩
149

Programmiersprache: Java
Überbleibsel: Rest
Ergebnis der Addition: Summe

Ben sah nur auf die Auflistung der Antworten, sofort eröffnete sich ihm der Sinn des Rätsels. »Das braucht man ja nur von oben nach unten zu lesen!«, stellte er fest. »Hier!« Er fuhr mit dem Finger die Zeilen entlang und las laut mit: »6.15 Uhr gleicher Ort Sonnabend.« Dann ließ er einige Antworten aus und las nur noch die beiden letzten Worte: »Restsumme!«
Ben lehnte sich zurück. »Wow!«, rief er aus. »Samstag sind die restlichen 19 Millionen fällig!«
»Also in zwei Tagen«, murmelte Frank. »Der Typ hat's aber plötzlich eilig!«
»Ob die Mädchen das schon wissen?«, fragte sich Ben. Er startete das Internet-Programm und sah erst jetzt, dass er Post von Jennifer erhalten hatte. Wegen des langen Chats und des Knobelns an dem Silbenrätsel hatte er überhaupt nicht daran gedacht, nach Post zu sehen. Er konnte kaum fassen, was er dort sah. Jennifer hatte ihm in dem Brief ausführlich dargelegt, dass er den Köder für den Hacker spielen sollte!
Der Trick, den Herr Godewind vorschlug, war eigentlich recht simpel: Ben sollte Herrn Godewind spielen, das hieß mit dessen Passwort und ID-Nummer online in das Banksystem eindringen. Herr Godewind war sich sicher, dass der Erpresser zur gleichen Zeit ebenfalls online sein würde um die Aktivitäten von Herrn Godewind zu beobachten. Das war die Chance! Denn während sich der Täter im System be-

fand um Godewinds Double — also Ben — zu beobachten, konnte Herr Godewind selbst sich daran machen, den Standort des Handys zu finden.

»Wieso glaubt denn Herr Godewind, dass sich der Täter auf Mallorca aufhält?«, fragte Frank.

»Das haben die Mädchen ihn auch gefragt«, antwortete Ben und zeigte auf die E-Mail auf seinem Bildschirm. »Die Forderungen des Erpressers, dass Herr Godewind seine Aktionen im Internet-Café ausführen und ab und zu Gummistiefel tragen soll, sind Indizien dafür, dass der Täter Godewind regelmäßig beobachtet.«

»Aber wie will denn Herr Godewind im Internet-Café sitzen und zugleich unterwegs sein um dem Mobiltelefon des Täters auf der Spur zu sein?«

»Dafür ist Miriams Cousin da. Er versteht wohl einiges von Technik. Der Plan sieht vor, dass ich Godewind im Banksystem spiele. Herr Godewind sitzt im Internet-Café, so dass der Täter ihn beobachten kann. In Wirklichkeit aber ist Herr Godewind gar nicht online, sondern kommuniziert mit Miriams Cousin, der mit dem Scanner unterwegs ist und den Standort des Handys ermittelt.«

»Und das soll klappen?«, zweifelte Frank.

»Hast du eine bessere Idee?«, fragte Ben zurück, aber die hatte Frank selbstverständlich nicht. Er war sich nicht einmal sicher, ob er den bisherigen Plan richtig kapiert hatte.

»Haben Sie das vierte Rätsel schon gesehen?« Jennifer stürzte in das Hotelzimmer, das jetzt zur Einsatzzentrale für die Jagd nach dem Internettäter geworden war.

⇩

151

Herr Godewind fuhr herum. »Viertes Rätsel? Gottverdammt, nein! Ich war viel zu beschäftigt im Banksystem für Ordnung zu sorgen. Immerhin musste ich bereits eine Million abzweigen, ohne dass das jemand merkt.«

Herr Godewind kramte ein zerknäultes Stofftaschentuch, das er manchmal auch auf dem Kopf trug, aus seinen altmodischen Shorts hervor und wischte sich den Schweiß von der Stirn. »Eine Million! Himmel, wenn das auffliegt! Es wird Zeit, dass wir das Stinktier fassen!«

»Allerdings!«, stimmte Jennifer zu. »Denn übermorgen müssen Sie schon den Rest übergeben.«

Herr Godewind sprang auf. »Nein!«, schrie er.

»Doch!«, sagte Jennifer und hielt ihm den Ausdruck von Bens E-Mail hin, auf dem das Silbenrätsel und dessen Lösung zu lesen war.

»Wie stellt der sich das vor?«, brauste Herr Godewind auf. »Neunzehn Millionen in zwei Tagen! Hat der nicht alle Tassen im Schrank?«

»Eine hübsche Stange Geld«, bemerkte Porky, der in einen Sessel gequetscht die ganze Zeit ruhig zugehört und in der Zeit zwei Cola getrunken, sowie eine halbe Tüte Chips aufgegessen hatte. »Wie müssen Sie das Geld denn transferieren?«

»Transferieren?« Verwundert drehte sich Herr Godewind zu Porky um. »Da wird nichts transferiert. Das ist es ja. Ich muss es in einem Metallkoffer im Meer versenken!«

Porky spuckte vor Schreck fast seine Cola übers Hotelbett. »Neunzehn Millionen Mark im Meer versenken?«

Herr Godewind nickte.

»Oh«, staunte Porky. »Da lohnt es sich ja glatt, einen Tauchkursus zu belegen.«
Jennifer schmunzelte. So viel Humor hätte sie dem Klops gat nicht zugetraut.
»Sehr witzig«, giftete Herr Godewind zurück. »Wir müssen den Typen fassen, bevor es zur Geldübergabe kommt! Unbedingt!«
»Und wenn es uns nicht gelingt?«, fragte Miriam nach, die mit Jennifer gekommen war.
»Dann Gute Nacht!«, sagte Herr Godewind und widmete sich wieder seinem Bildschirm. »Dein Ben soll sich bereit halten«, erklärte er Jennifer, ohne sich umzusehen. »In fünf Stunden geht's los!«

Ben war mehr als bereit! Es war das erste Mal, dass er sich in ein System hineinhacken sollte. Natürlich hatte er in zahlreichen Computerzeitschriften schon viel darüber gelesen. Aber dort war mehr beschrieben worden, dass das Hacken in fremde Systeme funktionierte, als darüber, *wie* man es machte. Kurz: So ganz genau wusste selbst Ben nicht, wie man es anstellte, in das System einer großen Bank einzudringen. Jetzt aber hielt er eine detaillierte Anleitung in den Händen, was er zu tun hatte. Und das Beste war: Die Anleitung hatte niemand anderes geschrieben als der Sicherheitschef dieser Bank persönlich. Selbst für den Fall, dass Bens elektronischer Einbruch auffliegen sollte, war er damit mehr oder weniger fein aus der Sache heraus.
Ben studierte die Anweisungen gewissenhaft. Er wusste, er durfte sich keinen Fehler erlauben um den Täter nicht

argwöhnisch werden zu lassen. Bens Aufgabe bestand darin, in das System einzudringen und dort von verschiedenen Konten so viel Geld auf einige speziell von Herrn Godewind eingerichtete Schweizer Nummernkonten zu buchen, so dass 19 Millionen Mark zusammenkamen. Wie Herr Godewind diese Summe auf Mallorca in bar abheben wollte, ohne sich etlichen Sicherheitsüberprüfungen unterziehen zu müssen, blieb Ben zwar schleierhaft, aber es sollte schließlich nicht sein Problem sein. Für Ben war bereits die Frage spannend genug: Wie zapfte man von einer Bank 19 Millionen Mark ab, ohne dass es jemand merkte? Wort für Wort las er die Anweisung durch. »Raffiniert«, flüsterte er mehrmals vor sich hin, bis Franks Neugierde sich nicht mehr halten ließ. Zwar interessierte Frank sich nicht die Spur für Technik, aber wie man auf elektronischem Wege eine Bank knackte, war einfach zu prickelnd. Ben versuchte es seinem Freund möglichst einfach zu erklären: »Jeder Bankkunde, der seine Bankgeschäfte auf elektronischem Wege erledigt, besitzt ein Passwort und mehrere sogenannte TAN-Codes, das sind spezielle geheime Nummern, die einem den Zugang zum eigenen Konto ermöglichen, ähnlich wie Safenummern.«

Bis hierhin konnte Frank folgen. Er freute sich sichtlich darüber.

»Jeder elektronische Bankkunde gibt also diese Nummern ein. Herr Godewind hat — bevor er nach Mallorca flog — nun folgendes gemacht: Er hat zwischen dem Kunden und der Bank einen Laptop mit zwei Modems geschaltet, für die er eigene Programme geschrieben hatte, die exakt die Bankprogramme nachahmen. Ein Bankkunde, der über den Computer anrief, hat also mit den Modems kommuniziert und nicht mit der Bank. Das erste Modem hat alle Daten des Bankkunden in Godewinds Laptop gespeichert, das zweite Modem hat dem Bankkunden die Informationen geliefert, die er von der Bank haben wollte. Für den Kunden war also scheinbar alles okay. Die Bank hat gar nicht gemerkt, dass jemand anrufen wollte. Das erste Modem aber hatte nun alle Geheimnummern des Kunden gespeichert. Als Herr Godewind genügend Nummern gesammelt hatte, nahm er eigene Überweisungen mit den fremden Nummern vor. Das hat er natürlich häufiger gemacht, bevor er nach Mallorca kam.«

Frank bat um etwas Bedenkzeit um alles begreifen zu können. Er fasste es mit seinen Worten zusammen: »Angenommen, ich hätte zu dieser Zeit hundert Mark von meinem Konto an meinen Sportverein überweisen wollen ...«

»... dann hättest du das über deine Tastatur alles dem Modem Nummer 1 erzählt. Das Modem Nummer 2 hätte dir geantwortet und zwar, dass alles korrekt überwiesen wurde. Was aber in Wahrheit nicht stimmte. Dein Vorgang wäre einfach nur im Laptop gespeichert worden. Die Bank hatte deine Anrufe gar nicht registriert. Eine Stunde später oder so hätte dann Herr Godewind mit deinen Geheimnummern diese hundert Mark überwiesen. Aber nicht an den Sportverein, sondern auf sein eigenes Konto. Deine hundert Mark wären vom Konto abgegangen, was für dich ja in Ordnung gewesen wäre. Und die Bank hätte auch alles als korrekt empfunden, weil Herr Godewind ja nicht nur auf deinen Namen, sondern auch mit deinen Geheimnummern operiert hätte.«

»Und ich hätte erst Wochen später etwas gemerkt, wenn eine Mahnung vom Sportverein eingetrudelt wäre. Die hundert Mark wären zunächst einfach verschwunden. Im elektronischen Netz verloren gegangen«, begriff Frank.

»Und ehe die Bank nachgeforscht hat, was da nicht stimmte, vergehen weitere Tage oder Wochen«, stimmte Ben zu.

Frank war beeindruckt.

»Nur dass es sich hier nicht um hundert Mark handelt«, fuhr Ben fort, »sondern um eine Million. So hat Herr Godewind die erste Million besorgt!«

»Aber damit ist das Ansehen der Bank doch auch hinüber«, unterbrach Frank. »Ich denke, das will Herr Godewind gerade verhindern?«

»Er will den Kerl erwischen und das Geld zurückbekommen. Dann bucht er es den Kunden auf die Konten zurück. Kleiner Computerfehler, wird es hinterher heißen. Niemand wird sich darum scheren, weil ja keiner weiß, dass nicht nur ihm, sondern etlichen anderen auch Geld abhanden gekommen war.«

»Wow«, machte Frank. »Und was ist nun deine Aufgabe dabei?«

»Jetzt machen wir es umgekehrt«, erklärte Ben. »Herr Godewind hatte nur Überweisungen abgegriffen, die in die Bank eingingen. Jetzt nehmen wir uns die Buchungen vor, die aus der Bank herausgehen, also alles, was die Bank selbst zu zahlen hat. Passwort und TAN-Nummern der Bank

haben wir ja, weil Herr Godewind als Sicherheitschef die natürlich kennt. Ich muss nur die Zielkontonummern verändern! Das dauert ebenfalls Wochen, ehe die Bank bemerkt, dass jemand an den Kontonummern manipuliert hat. Denn die Empfängernamen, die Beträge und die Buchungszeiten bleiben für die Buchungsabteilung ja erhalten. Wer vergleicht schon routinemäßig zehnstellige Kontonummern? Bis dahin will Herr Godewind ja alles wieder geregelt haben.«
»Klingt wie ein Kinderspiel!«, wunderte sich Frank. Er hatte die großen deutschen Banken wirklich für sicherer gehalten.

Der größte Clou an Godewinds Plan aber war schon ein kleiner Geniestreich. Denn Herr Godewind wusste, wie man herausbekam, mit welchem Passwörtern sich der Erpresser ins Bankensystem eingeschlichen hatte. Somit war er in der Lage, dessen Operationen zwar nicht immer zu verhindern, aber zumindest nachzuvollziehen. Herr Godewind hatte selbst ein Programm dafür geschrieben, das automatisch jede Bewegung im Netz aufzeichnete.

»Wie ein Protokoll«, erklärte Ben. »Computerfreaks nennen es elektronischen Wachhund. Wenn das Programm läuft, kann man hinterher in aller Ruhe nachverfolgen, was der Täter im System gemacht hat. Dadurch kann man sein Eindringen zwar nicht mehr verhindern. Aber vielleicht einige Schlussfolgerungen auf den Täter und seine Motive ziehen.«

Frank wiederholte um festzustellen, ob er alles richtig mitbekommen hatte: »Mit anderen Worten, während du als Godewind das Geld abzwackst, denkt der Täter, er beobachtet dich, aber während er das tut, werden in Wahrheit dessen Spuren gesichert und ausgewertet?«

»Genau!«, stimmte Ben zu. »Wenn alles klappt, sitzt der Erpresser in der technischen Falle. Ich muss dann nur dafür sorgen, dass er auch lange genug online bleibt, damit Herr Godewind genügend Zeit hat mit seinen Geräten herauszufinden, wo der Erpresser sitzt.«

»Eijeijei, das ist ja verzwickt«, stöhnte Frank, freute sich aber doch, dass er alles einigermaßen mitbekommen hatte.

»Es wird noch abenteuerlicher«, ergänzte Ben, legte eine dramaturgische Pause ein, verzog die Mundwinkel zu einem lässigen Lächeln und tippte mit dem Zeigefinger bedächtig an die Stirn, die seinem Freund zeigen sollte: Köpfchen muss man haben. »Ich gehe nämlich nicht allein!«, ließ Ben die Katze aus dem Sack. Aber Frank verstand es nicht.

Ben hielt die Anleitung des Herrn Godewind bedeutsam in die Höhe. »Der Täter kann ins System, Herr Godewind kann ins System und ich kann ins System. Denn hier ist die Anleitung. Also können alle anderen es auch – aus meiner Schulklasse!«

Frank erschrak. »Du willst alle mitnehmen? Bist du verrückt?«

»Ganz im Gegenteil!«, erwiderte Ben ernst. »Was gehen mich Godewinds Millionen an? Aber die Mädchen hängen mit drin. Ich mache den ganzen Kram nur, damit die endlich Ruhe haben vor den nächtlichen Angriffen. Da will ich keinen Fehler machen. Und zwanzig Augen sehen mehr als zwei. Das ist im Computersystem auch nicht anders als in der Realität.«

»Was sagt denn der Godewind dazu?«, fragte Frank nach.
»Der wird es nie erfahren!«, war Ben sich sicher.
»Na, dann Prost!«, lautete Franks Antwort.

»Prost!«, rülpste Porky, stürzte sich die vierte Cola hinunter, quälte sich aus dem Sessel und walzte zur Ausgangstür.
»Dann gehe ich mal.«
Herr Godewind nickte ihm zu. »Um Punkt halb neun bist du wieder hier, verstanden?«
Porky antwortete mit einem leichten Kopfnicken und rumpelte durch die Tür nach draußen.
»Was wollen Sie eigentlich machen, wenn Sie den Erpresser gefunden haben?«, fragte Jennifer mit einem skeptischen Blick auf Herrn Godewinds Körperstatur. Sie konnte sich beim besten Willen nicht vorstellen, dass dieser Hänfling gegen irgendjemanden etwas ausrichten konnte, der auch nur etwas kräftiger war als ein zehnjähriges Kind.
»In dem Moment kann ich getrost die Polizei einschalten«, erklärte Herr Godewind. »Wenn dann etwas an die Öffentlichkeit dringt, ist es nicht so schlimm, weil wir den Täter ja haben und die Kunden beruhigen können.«

⇩
160

Die Falle schnappt zu

Auf der Hallig Langeneß war es noch hell, aber totenstill. Außer dem Geschrei der Möwen und dem Rauschen des Meeres war nichts zu hören. Die wenigen Bewohner des Inselchens hockten zu Hause vor dem Fernseher. Die Handvoll Touristen genoss den milden Sommerabend bei einem Spaziergang am Strand oder saß draußen vor der Gaststätte bei einem Glas mit herbem Bier. Die Urlauber schwiegen oder unterhielten sich leise. Schließlich waren sie wegen der Ruhe und des Naturgenusses hierher gekommen. Sie würden sich hüten, die himmlische Stille durch eigenes Geschnatter zu zerstören. Endlich war der Himmel einmal wolkenlos geblieben. Jetzt erwarteten alle den Sonnenuntergang über der Nordsee.

Nur in einem Fremdenzimmer brannte Licht. Unberührt von der romantischen Abendstimmung draußen am Wasser surrte drinnen ein Laptop monoton vor sich hin, flackerten aufgeregt die roten und grünen Lämpchen auf dem Bildschirm, piepste ein Funktelefon seine Signale gen Satellit um eine Verbindung zu einem Ort herzustellen, aus dem andere Touristen gerade geflüchtet waren: einem schlanken Hochhaus aus Glas und Stahl, das gern mal ein Wolkenkratzer geworden wäre, kalt, hässlich und machtvoll. Es war nur eines von vielen furchtbaren Auswüchsen durchgeknallter Architekten und unfähiger Städteplaner, die in den vergangenen Jahrzehnten nichts Besseres zu tun gehabt hatten als mit unglaublichem Eifer ihren Größenwahn mit schlechtem Geschmack zu paaren. Heraus gekommen war eine entsetzliche Anhäufung entstellter Hochhäuser, unförmiger Türme, glatter Fassaden und lächerlich monumentaler Kunstwerke, die zusammen die Innenstadt von Frankfurt am Main bildeten, Hauptstadt deutscher Banken und Kreditinstitute.

Die Datenströme, die der handliche Computer in Insel-Opas Fremdenzimmer auf Langeneß übers Handy hinausschickte, landeten nach einem kleinen Umweg durchs Weltall im achtzehnten Stock eben jenes riesenhaften Hochhauses in der futuristischen Horrorstadt und nannten dem dort befindlichen Rechenzentrum ein Passwort und eine Identifikationsnummer.

»Ich bin drin!«, rief Ben erregt. »Ich bin im System der Bank!«

»Jetzt geht's los!«, stellte Herr Godewind mit einem nervösen Blick auf seine Armbanduhr fest.

Porky hatte pünktlich um halb neun vor dem Hotel gestanden. Aber nicht zu Fuß oder auf dem Moped, wie die Mädchen vermutet hatten, sondern mit einem Kleinbus, den er auf Godewinds Rechnung gemietet hatte.

Miriam und Jennifer hatten Herrn Godewind helfen müssen das ganze technische Krempelzeug aus seinem Hotelzimmer hinunter ins Auto zu schleppen. Es war atemberaubend gewesen, in welchem Tempo Herr Godewind die geschlossene Ladefläche des Kleinbusses in eine technische Schaltzentrale verwandelt hatte. Um Punkt einundzwanzig Uhr glich der Wagen einer hochmodernen Messstation. Im Licht des hellen Bildschirms seines mobilen Computers wirkte Godewinds Gesicht noch bleicher als ohnehin schon. Etliche wirr verdrehte und verknäulte Kabel verbanden surrende, summende und schnarrende Kästchen mit zuckenden, blinkenden Lämpchen, die wiederum die Funktionsweise von Funktelefonen, Scanner, Funkempfängern und Sendern anzeigten.

»Jetzt zeig, was du kannst!« Hoffnungsvoll klopfte Herr Godewind Porky auf die Schulter. Der spuckte seinen Kaugummi in eine Ecke des Wagens, lächelte den Bleichen schüchtern an und erwiderte: »Worauf Sie sich verlassen können.«

Herr Godewind verschwand zum Internet-Café um für den Täter, der ihn möglicherweise beobachtete, sichtbar zu sein.

José hatte schon ein Terminal für den Bankangestellten reserviert. Die Mädchen plazierten sich neben Godewind am Terminal.

Jetzt hieß es warten. Warten darauf, dass Ben das geforderte Geld unauffällig umgeleitet hatte. Hoffen darauf, dass der Täter dieses Schauspiel unbedingt live miterleben wollte und sich ebenfalls ins Netz einklinkte, und warten darauf, dass Herrn Godewinds Überwachungsprogramm den Erpresser im Netz aufspürte und jede seiner Bewegungen aufzeichnete.

Und während dieses alles hoffentlich so geschah, wie Herr Godewind es geplant hatte, musste Porky mit dem High-Tech-LKW die Funkstrahlen, mit denen der Täter ins Netz kam, auffangen, analysieren und verfolgen.

Herr Godewind wirbelte auf der Tastatur herum und redete der Maschine gut zu. »Komm schon«, flüsterte er. »Los jetzt!«

Plötzlich haute er mit der flachen Hand auf die Tischplatte. »Na also!«, rief er freudig aus. »Die Verbindung zu Porky steht!« Aufgeregt griff er nach einer Zigarette, die am Nachbartisch in einem Aschenbecher vor sich hin qualmte und zog hastig daran. Es folgte ein kurzer Hustenanfall. Unbeirrt nahm Godewind einen zweiten Zug.

»Seit wann rauchen Sie denn?«, fragte Miriam.

Herr Godewind nahm die Zigarette aus dem Mund, hielt sie sich vor die Nase und blickte verwirrt auf den glühenden Stengel. »Ich?«, fragte er verstört. »Ich rauche überhaupt nicht!« Fassungslos über sich selbst warf er die Zigarette achtlos auf den Boden.

Schon tippte ihm ein rotköpfiger Mann in violett-türkis-farbener Jogginghose und weißem Werbe-T-Shirt einer deutschen Brauerei auf die Schulter. »Det war meene Fluppe, wa!«

Miriam war sofort klar, dass jetzt Ärger im Anflug war.

Herr Godewind aber blieb vollkommen ahnungslos. »Ja, ja«, antwortete er selbstvergessen und starrte weiter auf den Bildschirm.

Zum zweiten Mal klopfte der Rotschädel dem Blassen auf die Schulter. »Horch ma', du kleener Piesepampel. Jezze hebste ma' meene Fluppe uff, sonst gibbet wat auffe Omme, wa!«

Endlich wandte sich Herr Godewind zu dem Störenfried. Sein fahriger Blick folgte für eine Millisekunde dem Handzeichen des aufdringlichen Touristen, der aus dem Mund stank wie eine Eckkneipe aus der Tür. Herr Godewind hatte verstanden. »Ach so, T'schuldigung«, lächelte er. »Dabei rauche ich gar nicht!« Und drehte sich wieder um.

Rotschädel stand für einen Moment wie angewurzelt da. Dann allerdings folgten einige Aktionen ungeahnter Intensität. Wütend riss er Herrn Godewind zu sich herum. »Hör zu, Schnullerbacke! Heb de Fluppe uff. Und zwar dalli.«

»Herrgott!«, brauste Herr Godewind auf. »Ich habe jetzt keine Zeit. Stecken Sie sich doch 'ne neue an, meine Güte!«

Miriam stand mit offenem Mund da. Entweder war der Bankangestellte mutiger als sie je geglaubt hätte oder er war so etwas von naiv, dass es schon verboten werden müsste. Welche der beiden Theorien stimmte, entschied sich in den darauffolgenden zehn Sekunden:

Rotschädel packte mit seinem fleischigen Arm Godewinds hageres Genick, zerrte ihn vom Stuhl, zwang ihn mit kräftigem Druck in die Knie, presste den stöhnenden Godewind noch weiter Richtung Fußboden, bis dieser mit der Nasenspitze fast die glimmende Zigarettenkippe berührte. Jennifer und Miriam sahen sich entsetzt an.

Herr Godewind schrie angstvoll auf.

Rotschädel befahl Herrn Godewind die Kippe aufzuheben. Schließlich zog er Herrn Godewind zu sich hoch, nahm ihm die Kippe ab und schleuderte ihn zurück zum Computer.

Herr Godewind prallte hart gegen den Tisch, wollte sich abstützen, patschte aber auf die Tastatur, der Bildschirm flackerte auf, zeigte wirre Zeichen und meldete schließlich, dass die Verbindung abgebrochen wurde.

Rotschädel besah sich die Zigarettenkippe in seiner Hand, grinste und tat befriedigt kund: »Is' ja schon ausjebrannt.« Dann drückte er die Zigarette im Aschenbecher aus und steckte sich genüsslich eine neue an.

So ein hirnverbrannter Vollidiot!, dachte Jennifer.

»Mist!«, fluchte Herr Godewind, nachdem er sich wieder aufgerappelt hatte und sich den Bildschirm ansah. Hastig klopfte er auf den Tasten herum. Er wartete. Fluchte. Betätigte wieder die Tastatur und begann die Prozedur von neuem: Warten. Fluchen. Tippen.

»Ich komme nicht hinein!« Seine Stimme überschlug sich. »Verflixt und zugenäht. Wieso stellt er keine Verbindung mit Porky her?«

»Es funktioniert!«, jubelte Ben. »Sieh dir das an!« Gebannt betrachtete Ben die Auswirkungen seiner Eingaben auf dem Bildschirm und war beeindruckt. In diesem Moment war ihm in keiner Weise bewusst, dass er einen der folgenschwersten Bankraube unternahm, die überhaupt jemals stattgefunden haben: Ben stahl aus einer der größten deutschen Banken neunzehn Millionen Mark! Für Ben war es nicht mehr, als einem Sicherheitsangestellten der Bank nach dessen Weisungen zu helfen einen Verbrecher zu fangen. Er war sich keiner Schuld bewusst. Dass aber auch ein Sicherheitchef nicht willkürlich die Gesetze ignorieren durfte um seinen Zielen näher zu kommen, darüber machte sich Ben in diesem Moment keine Gedanken. Auch die anderen Kinder seiner virtuellen Schulklasse kümmerten sich nicht darum. Dafür war das Abenteuer, das sie miterleben durften, viel zu aufregend. Und ohne jegliches Risiko. Schließlich stiegen sie nicht mit Handschuhen, Masken und Taschenlampen in ein Bankgebäude ein, sondern saßen gemütlich — wo auch immer — in irgendwelchen warmen Zimmern vor ihren Computern, tranken Kakao, mampften leckere Kekse oder köstliche Brote, während sie — fast nebenbei — die größte Beute der deutschen Kriminalgeschichte machten. Auch das war eine Folge der Technisierung: Große Verbrechen sahen heute einfach anders aus als zu Zeiten Al Capones und nicht immer waren sie überhaupt als solche sofort zu erkennen. Die Schwelle etwas Illegales zu tun hatte so jedenfalls in den vergangenen Jahren ihre alarmierende Wirkung eingebüßt.

Ben beobachtete, wie das Computerprogramm treu und brav seine Arbeit verrichtete. Fünf Millionen Mark waren schon auf verschiedene Konten überwiesen. Jetzt war nur die Frage: War auch der Erpresser im Netz? Und wenn ja, was tat er gerade? Aber diesen Part hatte ja Herr Godewind im Griff.

»Das darf nicht wahr sein!« Panisch sah Herr Godewind auf die Uhr. Seine zittrigen Hände flogen nur so über die Tastatur. »Ausgerechnet jetzt!«, schimpfte er. »Wieso klappt es nicht? Verflixt! Verdammt!«

»Murphy!«, flüsterte Jennifer Miriam ins Ohr. Sie wagte jetzt nicht laut zu sprechen und Herrn Godewind zu stören.

»Häh?«, machte Miriam.

»Hat Ben mal erzählt«, flüsterte Jennifer. »Ein vorhandener Fehler im Computerprogramm kommt genau dann zum Ausbruch, wenn er den größtmöglichen Schaden anrichtet. Das nennt man Murphys Gesetz.«

»Klingt eher wie ein Aberglaube«, fand Miriam.

Jennifer stimmte zu. »Aber kannst du dir vorstellen, dass ein Computerfreak zugibt abergläubisch zu sein? Da klingt Gesetz doch viel besser.«

»Schnauze, verdammt!«, schrie Herr Godewind.

Miriam und Jennifer schwiegen.

Andere Gäste sahen sich erstaunt um und blickten hinüber zu dem ungeduldigen blassen Mann mit den beiden Mädchen.

Bloß nicht noch mehr Ärger mit Touristen!, schoss es Jennifer durch den Kopf. Schnell lächelte sie in den Raum hinein um zu signalisieren: Alles in Ordnung!

»Jetzt aber!«, fauchte Herr Godewind den Bildschirm an. »Los!« Er knallte mit der Hand auf das Terminal wie andere Leute auf einen Flipperautomaten. Dann endlich hellte sich sein Gesicht auf. »Verbunden!«, freute er sich.

Jennifer und Miriam atmeten auf.

»Eine Nachricht!«, wunderte sich Herr Godewind.

Die Mädchen rückten näher und sahen dem Bankenmann über die Schulter. »Von wem?«

»Sie ist von Ben!«, stellte Herr Godewind fest. »Er schafft es nicht und ist schon ganz verzweifelt.«

Jennifer und Miriam sahen sich an. Ben wurde mit einem Computerprogramm nicht fertig? Das konnten sie sich unmöglich vorstellen. An der Sache stimmte doch etwas nicht!

Herr Godewind zwang sich zur Ruhe. »Dann frage ich mal nach«, entschied er sich schließlich und wollte gerade eine

⇩

167

E-Mail an Ben absetzen, als auf dem Bildschirm alles stehen blieb. Nichts ging mehr!

Herr Godewind sah sich besorgt um. Es war, wie er vermutet hatte. Auch an den anderen Terminals konnten die Benutzer nichts mehr eingeben. Alle Stationen im Internet-Café waren lahmgelegt. Herr Godewind blickte hinüber zu José hinterm Tresen. Der gab ihm ein Zeichen und Herr Godewind wusste Bescheid.

»Was ist denn los?«, fragte Jennifer nach.

»Überflutet!«, antwortete Herr Godewind resigniert.

Überflutet? Miriam sah sich kurz um. Im Café war alles trocken.

»Das Werk eines Hackers«, erklärte Herr Godewind bekümmert. »Der Server, also der zentrale Computer hier im Café, hat eine beachtenswerte Leistungsfähigkeit. Trotzdem gibt es eine Grenze. Da kommen von außen so viele Anfragen an den Computer, dass er mit der Datenmenge einfach überfordert ist. Bei den vergangenen Wahlen zum US-Präsidenten zum Beispiel waren die Server mancher amerikanischer Fernsehsender auf solche Art überlastet. Da kamen mehr als eine Million Anfragen und Anmerkungen pro Stunde.«

»Wow!«, machte Miriam. »Und das ist jetzt hier passiert?«

»Natürlich in kleineren Mengen, weil der Server hier kleiner ist. Aber ein paar Tausend werden es schon sein.«

»Wieso wollen denn so viele Menschen ausgerechnet jetzt mit diesem Internet-Café Verbindung aufnehmen?«, staunte Jennifer. Ausgerechnet jetzt, wo sie so etwas Wichtiges zu tun hatten.

»So viele sind es ja gar nicht«, erläuterte Herr Godewind betrübt. »Denn natürlich kann man solche Tausende von Anfragen auch vortäuschen. Automatisiert, versteht sich. Da werden dann auch bewusst falsche Adressen angesprochen, damit der Computer in ewigen Schleifen sucht und sucht und sucht und plötzlich überlastet ist.«
»Sie meinen ...«
»Genau! Es sind Tausende Anfragen eines einzelnen Benutzers. Ein Hacker macht uns Ärger. Und ich weiß auch, wer!« Godewinds Stimme klang immer belegter.
»Der Erpresser!«, schaltete Miriam sofort.
Herr Godewind nickte. »Er hat durch den Trick den Laden hier lahmgelegt. Entweder weiß er, was wir hier machen oder er ahnt es.«
José rief vom Tresen aus zu ihnen hinüber. »Wir machen mal einen grundsätzlichen Neustart!«
Herr Godewind nickte. Manchmal nützte das ja etwas, aber meistens ...
»Was?«, schoss es plötzlich aus Herrn Godewind heraus. »Neustart?« Hektisch sprang er auf. Zum Neustart gezwungen? Bens E-Mail? Staccatoartig ließ er noch einmal in Gedanken Revue passieren, was soeben geschehen war. Was war, wenn Bens E-Mail gefälscht war? Wenn es Ben doch gelungen war, an die Konten zu kommen? Schnell wandte er sich zu den Mädchen: »Ihr meint, Ben würde keine Probleme mit dem Computerprogramm bekommen?«
»Wenn Ihre Anweisungen stimmten, dann hat Ben garantiert alles richtig gemacht«, war Jennifer überzeugt. Und Miriam stimmte ihr zu.

Herr Godewind schlug sich mit der Hand vor den Kopf. Dass er nicht eher daran gedacht hatte! Wie konnte er sich so hereinlegen lassen?

»Halt!«, brüllte er so laut, dass alle Gäste im Laden zusammenzuckten. Die ersten Touristen überlegten, ob sie vielleicht nicht doch lieber einen Polizisten rufen sollten. Herr Godewind raste zu José hinüber. »Keinen Neustart!«, schrie er. »Mach es nicht!«

Aber es war schon zu spät. José hatte das System bereits abgeschaltet und neu gestartet.

Herr Godewind bremste entsetzt ab.

»Hast du schon gestartet?«, rief Miriam von hinten. »Hier passiert nichts!«

Herr Godewind fuhr herum.

Miriam winkte ihm vom Terminal aus zu und tippte erfolglos auf einige Tasten.

»Oh nein, bitte nicht!«, kreischte Herr Godewind. Mit panischem Gesichtsausdruck hetzte er zu Miriam zurück.

Erschrocken zog Miriam ihre Hände von der Tastatur zurück. »Oh Gott, habe ich nun etwas kaputt gemacht?«, entfuhr es ihr.

Herr Godewind sackte in sich zusammen. »Du gar nichts«, jammerte er leidvoll. »Aber er!«

»Wer?« Miriam verstand gar nichts mehr

»Der Hacker!«, präzisierte Herr Godewind. »Eine ANSI-Bombe!«

Jennifer war sich sicher: So kalkweiß hatte sie den Sicherheitschef der großen deutschen Bank noch nie gesehen.

Die Falle hatte zugeschnappt. Allerdings nur die Falle des Erpressers!
Das gesamte System im Internet-Café war zerstört.

⇩

⇩
172

Der verpasste Ausstieg

Das gesamte Internet-Café war lahmgelegt!
»Sie müssen alle Programme neu installieren«, stellte Ben fest. »Ein unglaublicher Aufwand!«
Damit war auch die Verbindung zwischen den Jungen und den Mädchen auf Mallorca zerstört. Allerdings hatten sie noch die technische Ausrüstung im Hotelzimmer von Herrn Godewind, von der der Erpresser ja nichts wusste. Darüber ließ sich noch immer eine Verbindung herstellen.
Ben teilte die schreckliche Nachricht den anderen Schülern im virtuellen Klassenraum mit und schickte auch eine E-Mail an Godewinds Laptop. Was sollten sie jetzt tun? Dem Erpresser auf die Spur zu kommen war offenbar fehlgeschlagen. Es blieb nur noch ein Tag um den Täter zu schnappen — oder das Geld zu übergeben. Neunzehn Millionen Mark!

Herr Godewind schien sich von dem Schock überhaupt nicht zu erholen. Denn auch Porky kam mit schlechten Nachrichten. Die Spur des Funktelefons hatte ihn direkt zum größten Hotel am Ort geführt. Aber bei mehr als 200 Zimmern war es unmöglich gewesen festzustellen, in welchem Raum der Erpresser sich aufgehalten haben mochte, als er online war. Dafür war der Scanner, den Porky benutzte, zu schwach gewesen. »Und die Warnung des Täters war ja auch nicht von schlechten Eltern«, setzte Porky noch eines drauf.
Herr Godewind stimmte ihm zu. »Er hat uns mehr als

deutlich gezeigt, dass er erstens über jeden unserer Schritte informiert ist und zweitens, dass er in der Lage und willens ist das gesamte Bank-EDV-System zu zerstören. Das mit dem Internet-Café war ja nur eine Warnung. Allerdings eine sehr eindrucksvolle.«
»Bleibt also nur die neunzehn Millionen zu zahlen?«, fragte Miriam betrübt. Bisher hatte sie, wie die anderen Kinder auch, die Hoffnung gehabt, Herr Godewind würde – letztendlich mit Hilfe der Polizei – den Täter erwischen und sie hätten Ruhe. Vor allem die nächtliche Bedrohung würde aufhören. Jetzt aber ahnte sie, dass sie in ein ungeheures Verbrechen verstrickt waren, das sie selbst begangen hatten: Herr Godewind hatte von der Bank neunzehn Millionen Mark gestohlen, und sie – noch Kinder – waren daran beteiligt! Miriam schluckte ein paarmal und sah ängstlich zu Jennifer hinüber, die Miriams Sorgenfalten sofort richtig interpretierte.

»Es bleibt wohl nur, den Täter auf frischer Tat zu erwischen, das heißt während der Geldübergabe«, überlegte Herr Godewind laut.

Miriam und Jennifer sahen sich mit großen Augen an. Porky stellte die Frage, die ihnen auf den Lippen lag: »Wie wollen Sie das denn anstellen?«

»Bisher haben wir es nicht geschafft, den Täter ins Blickfeld zu bekommen«, begann Herr Godewind zögerlich seinen Plan zu entwickeln, wobei er sich nervös auf die Unterlippe biss. »Aber bei der Geldübergabe muss er ja irgendwann kommen. Wir müssen nur geduldig auf ihn warten.«

⇩

173

⇩
174

»Aber die Geldübergabe findet doch unter Wasser statt«, warf Porky ein. »Wollen Sie etwa im Taucheranzug auf dem Meeresgrund hocken, bis der Erpresser kommt?« Porky verzog das Gesicht, als müsste er seinen massigen Körper selber in einen engen Gummianzug zwängen.

»Natürlich hocke ich mich nicht auf den Meeresgrund«, brummelte Godewind. »Aber trotzdem können wir den Täter beobachten. Mit Josés Hilfe!«

Der Plan in Godewinds Kopf nahm allmählich Konturen an. Seine Mimik gewann an Selbstbewusstsein, als er in die Runde blickte. »Mit Hilfe der digitalen Kamera aus dem Internet-Café!«

Miriam und Jennifer hörten sich gebannt den neuen Plan von Herrn Godewind an. Er wollte tatsächlich die Kamera aus dem Café unter Wasser installieren und somit per Computer die Geldübergabe überwachen! In dem Moment, in dem dann der Täter kam um sich das Geld zu holen – so dachte Herr Godewind es sich weiter – wollte er die Polizei informieren, die den Erpresser dann festnehmen sollte. An diesem Plan gab es nur zwei Risiken: erstens, die Polizei durfte erst im letzten Moment benachrichtigt werden. Denn schon beim kleinsten Verdacht konnte der Erpresser das EDV-System der Bank zerstören.

Die zweite Schwierigkeit lag in den technischen Möglichkeiten der digitalen Kamera. Sie übertrug das Geschehen nämlich nicht wie einen Live-Videofilm, sondern konnte lediglich alle paar Minuten ein Bild übertragen. Aber Herr Godewind war überzeugt, dass sein Plan gelingen würde. Überhaupt schien er sich nicht mehr daran zu erinnern, dass der erste Versuch den Täter zu fassen, voll und ganz daneben gegangen war. Dabei war er vorher ebenso euphorisch gewesen wie jetzt. Die Vorstellung tatsächlich neunzehn Millionen Mark zu verlieren, schien ihm derart schrecklich, ließ ihm keine andere Wahl als felsenfest ans Gelingen seiner Pläne zu glauben.

Nicht einmal die Tatsache, dass er trotz seiner detektivischen Bemühungen bereits eine Million Mark eingebüßt hatte, schienen in Herrn Godewind Zweifel aufkommen zu lassen.

Mit ausufernder Gestik, unterbrochen durch eine gequälte Heiterkeit, erläuterte Herr Godewind Porky, José und den Mädchen seine geplanten Schachzüge.

»Das einzige wirkliche Problem ist«, gab Herr Godewind zu bedenken«, dass ich die Kamera nicht selbst unter Wasser installieren kann. Der Täter scheint mich durchgängig zu beobachten. Wir können aber nicht noch jemanden einbeziehen. Wir haben schon viel zu viele Mitwisser.«

Jennifer kapierte, worauf Herr Godewind hinaus wollte. Sie und Miriam sollten die Kamera installieren. Noch bevor sie zu einem Einwand ansetzen konnte, fiel ihr Porky ins Wort.

»Das ist wohl wirklich die beste Idee«, stimmte er sofort zu. »Wenn José mit den Mädchen hinausfährt zum Baden, ist es sicher am unauffälligsten.«

Feigling!, dachte Miriam mit Blick auf Porky. *Nur weil er sich selbst nicht traut.*

Josés Augen flackerten auf. Natürlich wollte er mit Jennifer hinaus aufs Meer fahren. Konnte er sich doch dabei zugleich als mutiger Abenteurer und verläßlicher Beschützer beweisen!

Jennifer hatte das Gefühl, egal wie sie sich entscheiden würde, sie würde einen Fehler machen. Was gingen sie eigentlich Godewinds Millionen an? Hatten die nächtlichen Drohungen nicht schon nachgelassen? Sollte Herr Godewind doch zusehen, wie er allein zurecht kam! Sie sah dem Banksicherheitschef fest in die Augen und fasste einen Entschluss. »Tut mir sehr leid, Herr Godewind«, sagte sie bestimmt. »Ich wünsche Ihnen von Herzen, dass Sie den Kerl erwischen. Aber bitte ohne mich. Es wird mir zu gefährlich, für Sie die Detektivin zu spielen. Ich habe mit der ganzen Sache schließlich nichts zu tun. Seien Sie mir nicht böse. Auf Wiedersehen.« Jennifer ging zur Tür, drehte sich noch einmal um und sah zu Miriam hinüber. Schloss sich ihre Freundin ihrer Entscheidung an?

Miriam überlegte keine Sekunde. Auch ihr war mulmig zu Mute und sie war froh, dass Jennifer die Courage besessen hatte einen Schlussstrich unter diese tollkühne Angelegenheit zu ziehen. »Ich denke wirklich«, sagte sie zu Herrn Godewind, »sie sollten statt der Hilfe zweier dreizehnjähriger Mädchen lieber die der Polizei in Anspruch nehmen.«

Herr Godewind schwieg. Vielleicht hatten die Mädchen Recht, obwohl das Einschalten der Polizei in der Tat ein unglaubliches Risiko für die Sicherheit des EDV-Systems und damit für seinen Job und seinen Ruf darstellte.

Miriam wandte sich noch an ihren Cousin, bevor sie Jennifer folgte: »Danke, dass du uns geholfen hast, Porky. Aber du solltest ab jetzt die Sache wohl auch vergessen.«

Porky sah sie enttäuscht an. »Immer, wenn es interessant wird, kneifen die Mädchen« nörgelte er.

Miriam kochte vor Wut, ließ sich aber dennoch nicht von ihrem Cousin provozieren. Mitleidig sah sie ihn nur an und sagte ihm ins Gesicht: »Es war nett, dass du uns geholfen hast. Trotzdem, Porky, du bist und bleibst ein weltfremder Trottel!«

Miriam knallte die Tür von außen zu und verschwand mit Jennifer zum Campingplatz.

Porky schüttete sich den Rest seiner Chips in den Rachen, knüllte die leere Tüte zusammen und machte sich ebenfalls aus dem Staub. Das Abenteuer war für sie beendet, so bedauerlich Porky es auch empfand.

Ben startete sein Chat-Programm um an einer neuen, vereinbarten Konferenz seiner virtuellen Schulklasse teilzunehmen. Doch bevor sich das Programm öffnete, erwartete Ben eine dicke Überraschung. Auf seinem Bildschirm erschien ein lachendes Eulenspiegel-Gesicht!

Es zwinkerte mit den Augen und nach drei Sekunden erschien oben links eine Sprechblase wie in einem Comic, in der stand:

Neunzehn Millionen Mark abgezockt. Alle Achtung! Gut gemacht, Ben! Jetzt solltest du nur zusehen, dass du das Geld wieder los wirst!

⇩

Ben erstarrte. Der Erpresser hatte ihn entdeckt! Mehr noch: Er kannte Bens Namen, hatte die Möglichkeit, sich in dessen Computer einzuklinken, und wusste von der illegalen Bankaktion!

»Verflucht noch mal!«, stöhnte Ben. Mit einem Mal wurde ihm sehr heiß. Erst jetzt ahnte er, auf was er sich mit diesem Abenteuer eingelassen hatte. Er hatte neunzehn Millionen Mark gestohlen. Und der Erpresser wusste davon! Statt dass er und Herr Godewind dem Täter auf die Schliche gekommen waren, war es nun für den Verbrecher eine Kleinigkeit, Bens Spuren im Bankcomputer offen zu legen und somit bekannt zu machen: Seht her, der Dieb heißt Ben!

Ben wurde schwindelig. Sein Kopf fühlte sich kochend heiß an, während an seinem Körper ein kalter Schauer empor kroch.

Wie hatte der Erpresser ihn aufspüren können? Selbst wenn er im Banksystem entdeckt worden wäre, woher konnte der Täter Bens Namen wissen? Die ganze Geschichte nahm gespenstische Formen an, denen sich Ben nicht mehr gewachsen fühlte. Aber die Forderung des Erpressers war unmissverständlich: Ben sollte weiter seinen Teil dazu tun, dass das Geld übergeben wurde oder der Täter würde die Polizei auf Bens Spuren schicken!

Ben konnte sich aus der Sache nicht mehr herausziehen!

Er schob die Tastatur seines Computers beiseite, vergrub seinen Kopf in die Arme und begann zu weinen.

Wie auch immer, für Herrn Godewind gab es keine andere Chance. Selbst wenn er die Polizei einweihen würde, konnte die nicht mit einer Hundertschaft auf dem Meeresgrund auf den Täter warten. Er musste die digitale Kamera unter Wasser installieren. Vielleicht würde José ihm dabei helfen.

José stimmte sofort zu. Er hatte natürlich auch großes Interesse daran, den Täter zu fassen, der das gesamte Internet-Café lahmgelegt hatte. Wie sollte José das seinem Chef erklären? Da würde es um vieles leichter sein, wenn er ihm gleichzeitig den Täter präsentieren konnte, den man für seine Tat belangen konnte.

So machten sich Herr Godewind und José gemeinsam auf den Weg um die digitale Kamera aus dem Internet-Café an der Übergabestelle unter Wasser anzubringen und sie mit Herr Godewinds Laptop im Hotelzimmer zu verbinden. José staunte nicht schlecht, als er Herrn Godewinds Konstruktion betrachtete. Er verstand nichts davon, aber die verschiedenen Gebilde aus Kabel und Knäuel, Stecker und Kästchen sahen sehr beeindruckend aus.

Herr Godewind war ein klein wenig stolz auf sich und konnte ein Schmunzeln nicht verbergen. »Kennst du das Gefühl, wenn man als Kind immer als Letzter in eine Sportmannschaft gewählt wird?«, fragte er José, der sofort kräftig den Kopf schüttelte. Nein, das Gefühl kannte José nicht. Er war immer Mannschaftskapitän gewesen.

»Ich kenne es nur zu gut«, erzählte Herr Godewind weiter, während er mehrere Kabel miteinander verband. »Aber in Physik und Mathematik war es dann immer umgekehrt. Da haben mich alle bewundert. Ich hatte schon immer eine Vorliebe technische Geräte ein wenig umzubauen.«

Herr Godewind sah für einen Moment von seinem Kabelgewirr auf und stierte in die Ferne lang vergangener Zeiten. »Mein Meisterwerk war eine kleine, kaum sichtbare Lichtschranke über der Tafel. Immer wenn der Lehrer die Tafel hochschob, klingelte es in der Klasse zum Unterrichtsschluss. Du glaubst gar nicht, wie kurz manche Schulstunden dadurch wurden!«
José lachte herzhaft. Aber nur für einen kurzen Moment. Das, was Herr Godewind jetzt vorhatte, war kein netter Schülerstreich. Wenn seine Bastelei nicht funktionierte, waren neunzehn Millionen Mark futsch!
»Es wird funktionieren«, versicherte Herr Godewind. »Verlass dich drauf. Durch diese Antenne, die ich der Kamera eingepflanzt habe und die aus dem Wasser herausragen wird wie ein Schnorchel. Sie empfängt die Signale von diesem Sender, den wir dort auf dem Felsen installieren. Und der ist stark genug, die Signale aus meinem Hotelzimmer zu empfangen. Es wird funktionieren!«

<Kevin> Das ist ja wirklich ein dickes Ding!

Ben hatte seinen Mitschülern selbstverständlich genau berichtet. Jetzt sollte die Online-Konferenz die nächsten Schritte festlegen.

<Angelika> Wir sollten den Spieß umdrehen!
<Ben> Wie meinst du das, Angelika?
<Robert> Mehr hast du nicht zu sagen, Kevin?

<Angelika> Dem Täter ist es gelungen, in Bens
Computer zu kommen. Wir sollten endlich
mal in seinen einbrechen!
<Kevin> Du sagst ja auch nichts, Robert!
<Kristian> Müsst ihr euch hier unbedingt streiten,
Kevin und Robert?
<Ben> Wie willst du das machen, Angelika?
Das hat ja nicht mal der Sicherheitsexperte der
Bank geschafft!
<Kristian> Der Täter beobachtet Herrn Godewind
immer ganz genau. Er weiß von Miriam, Jennifer und
dir, Ben. Aber von uns ahnt er nichts.
Können wir das nicht nutzen?
<Angelika> Daran habe ich auch gedacht, Kristian.;-)
<Maria> Gute Idee. Und ich weiß, wie wir den
Erpresser erwischen! :-)))

Ihren geheimen Plan aber gab Maria natürlich nicht über das Chat-Programm bekannt. Wer wusste schon, wer hier alles mithörte? Maria beschloss allen Beteiligten eine verschlüsselte E-Mail zu schicken.

Jennifer und Miriam beschlossen sich für eine Zeit in ihrem Zelt zu verkrümeln. Die Aufregung war einfach zu groß gewesen.

Sie mussten erst einmal verkraften, was in den letzten Tagen geschehen war. Sie waren erleichtert mit der Sache nichts mehr zu tun zu haben. Wie hatten sie es überhaupt so weit kommen lassen können?

»Geh du schon mal vor. Ich muss noch mal auf die Toilette«, rief Miriam Jennifer zu und bog in Richtung Waschhaus ab.

Jennifer trottete weiter zu ihrem Zelt, öffnete den Fliegenschutz, zog ihre Sandalen aus und ließ sich erschöpft, aber erleichtert auf ihren Schlafsack fallen. Sofort sprang sie aber wieder auf. Etwas drückte ihr im Rücken. Bestimmt hatte Miriam wieder ihren Haarfön mitten im Zelt liegen gelassen. Jennifer griff hinter sich – und hatte einen Stein in der Hand, der in ein Papier eingewickelt war, welches zusätzlich mit einem Gummiband an dem Stein befestigt war.

Jennifer schwante Böses. Sie entfernte das Gummiband, wickelte das Papier auf und sah, dass es eine Botschaft enthielt. Auf einem Computerausdruck war zu lesen:

```
Ihr solltet eurem Freund Ben helfen!
```

Verzweifelt schmiss Jennifer den Stein in die Ecke. Ihr war zum Heulen zumute. Wieso ließ der Erpresser sie nicht in Ruhe? Woher kannte er Ben? Was hatte er mit ihrem Freund vor?

Verflucht noch mal, sie musste zurück zu Godewind!

Jennifer krabbelte hastig aus dem Zelt und stieß gegen Miriams Beine. Noch bevor Miriam etwas fragen konnte, hatte Jennifer ihr wortlos den Zettel in die Hand gedrückt und war in ihre Schuhe geschlüpft.

Miriam begriff: »Es geht alles von vorne los!«

Ohne ein weiteres Wort zu sagen, rannten beide zum Hotel, in dem Herr Godewind wohnte.

Die Geld-Übergabe

In Filmen hatten Miriam und Jennifer so etwas schon mal gesehen. Aber selbst vor einem Koffer voller Geldscheine zu stehen verschlug ihnen doch den Atem. Ehrfürchtig schaute Miriam auf den großen Alukoffer, der auf Godewinds Hotelbett lag, voll mit Tausendmarkscheinen, ordentlich in Bündeln abgepackt. Die einzelnen Schichten nochmal in durchsichtige Folie gewickelt, weil das Geld ja unter Wasser übergeben werden sollte.

»So viel Geld habe ich noch nie gesehen!«, staunte Miriam.

»Na ja«, Godewind zuckte mit den Schultern. »So viel, wie es aussieht, ist es auch nicht.« Er schob zwei Bündel von der oberen Schicht ab.

Miriam sah aber auch darunter nichts als Tausendmarkscheine.

»Sehr schön!«, freute sich Godewind. »Dann wird auch der Täter es für echtes Geld halten. In Wahrheit ist immer nur der erste Schein ein echter Tausender. Die Stapel darunter sind nur dünnes Papier.«

Der Täter würde unter Wasser schließlich kaum Zeit haben alles genau zu untersuchen. Außerdem konnte er die Folien nicht aufreißen, solange er sich unter Wasser befand. Das Täuschungsmanöver würde also ausreichen den Erpresser zufrieden zu stellen. Und dann musste er ohnehin geschnappt werden, bevor er wieder auftauchte.

Aber wie sollte man den Täter schnappen, ohne dass er Verdacht schöpfte?

»Es ist das Risiko des Erpressers, dass er das Geld draußen vor der Bucht überreichen läßt. Dort können immer mal Touristen vorbeikommen. Wir sorgen nur dafür, dass tatsächlich welche kommen.«

Den Mädchen war klar, dass Herr Godewind dabei an sie dachte. Nachdem sie Bens ausführliche E-Mail gelesen hatten, die er an Herrn Godewind geschrieben hatte, wussten sie, in welcher Bredouille Ben sich befinden würde, wenn sie den Erpresser nicht zu fassen bekamen. Sie waren zu allem bereit.

»Also alles wie abgesprochen?«, versicherte sich Herr Godewind nochmal.

Die Mädchen nickten. »Alles wie abgesprochen«, das hieß: Herr Godewind tuckerte mit dem Motorboot hinaus und würde das Geld an der verabredeten Stelle versenken. Miriam und Jennifer sollten in der Gegend schnorcheln wie zwei ahnungslose Touristinnen und beobachten, was unter Wasser geschah. Ben saß in Langeneß am Computer und bekam das Bild der Digital-Kamera überspielt. Per Telefon könnte er jederzeit Herrn Godewind auf dem Wasser erreichen und Warnungen oder Anweisungen erteilen. In der Nähe wartete José mit einigen Freunden in Taucheranzügen um sich den Gauner zu schnappen. Nach allen Indizien war Herr Godewind davon überzeugt, es mit einem jugendlichen Einzeltäter zu tun zu haben. Noch während Josés Freunde den Erpresser verfolgten, würde Herr Godewind vom Boot aus die Polizei benachrichtigen.

»Ich denke, wir sind rundherum abgesichert«, fand Herr Godewind.

»Und Sie meinen, der Täter merkt von alledem nichts?«, zweifelte Jennifer.

Herr Godewind zuckte mit den Schultern. »Ich bin mir nur sicher, dass die Polizei mehr Aufwand treiben und dadurch erheblich auffälliger agieren würde.«

»Hoffen wir, dass Sie Recht haben«, seufzte Miriam und blickte auf ihre Armbanduhr. »Wann geht's los?«

»In einer halben Stunde!«, antwortete Herr Godewind.

»Das merkt der doch sofort!«, war sich Frank sicher. Unsicher hielt Frank die digitale Kamera in der Hand, die zur Ausrüstung des virtuellen Unterrichts gehörte. Skeptisch blickte er auf das Gebilde, das Ben aufbaute.

Auf einen Tisch hatte er ein altes Glasbassin gestellt, das halb mit Wasser gefüllt war. Der Boden des Bassins war mit Sand und Kieselsteinen ausgelegt. Beides hatten Frank und Ben am Strand gesammelt.

Hinter dem Bassin stand ein aufgeschlagenes Buch. Es war ein Bildband über Taucher in der Südsee, den Ben sich in der Bücherei ausgeliehen hatte. Auf Langeneß gibt es tatsächlich eine Bücherei; Frank hatte es auch kaum glauben wollen.

Eine silbern angemalte Streichholzschachtel stellte den Alukoffer nach. Ein paar Pflanzen rundeten das Bild ab. Ben schaltete den Fön an, der so auf eine Kiste gestellt war, dass er von oben in das Bassin hineinblies und so für unruhiges Wasser sorgte. Damit war gewährleistet, dass das Bild nicht gestochen scharf abgelichtet wurde, was die Täuschung noch echter machte.

»So schlecht ist es gar nicht«, entgegnete Ben seinem Freund.

Während Frank nun die digitale Kamera so ausrichten musste, dass man von vorn in das Bassin hineinsah, prüfte Ben an seinem Computer das Bild.

Er hatte sich extra noch einen großen Monitor von einem der Inselbewohner für diesen Nachmittag ausgeliehen um es besser als auf dem kleinen Laptopbildschirm kontrollieren zu können. Wer konnte schon so genau wissen, auf welchem Bildschirm später der Täter das Bild sehen würde?

»Dichter ran!«, wies er Frank an. »Noch kann man im Hintergrund die Kanten des Buches erkennen.«

Frank ging näher an das Becken heran.

»So ist gut!« Ben war zufrieden. Auf seinem Bildschirm machte das Bild durch den Südsee-Hintergrund, das unruhige Wasser und das Pflanzengestrüpp jetzt tatsächlich den Eindruck, als handelte es sich um eine Unterwasseraufnahme im Meer.

Frank wusste bloß noch nicht, wie er die Kamera in dieser Position befestigen sollte.

Auch dafür hatte Ben eine blendende Idee: Er befestigte die Kamera einfach an einem Stück Drachenband, das er von der Decke baumeln ließ. So war die Kamera selbst sogar einigen Schwingungen unterworfen, die denen unter Wasser nicht unähnlich waren.

»Wir müssen bloß aufpassen, dass die Kamera nicht zu sehr pendelt, sonst erkennt man plötzlich die Kanten des Aquariums!«, warnte Ben.

Beide besahen noch einmal kritisch ihr Werk, waren

zufrieden mit dem Ergebnis und gaben sowohl nach Mallorca als auch an ihre Schulfreunde bekannt, dass sie bereit waren.

Ben war besonders vorsichtig: Er informierte seine virtuellen Schulfreunde, nicht aber Herrn Godewind über seine Vorbereitungen im Zimmer. Ihm teilte er lediglich mit, dass er das Bild der Unterwasserkamera aus Mallorca empfangen konnte. Schließlich war bekannt, dass der Täter irgendwie ständig wusste, was Herr Godewind trieb. Deshalb war es zu gefährlich, das Modell in Bens Zimmer zu erwähnen.

»Jetzt bin ich aber gespannt!« Aufgeregt setzte sich Frank neben Ben an den Bildschirm, der heftig auf der Tastatur herumtippte. »Was passiert jetzt?«

Ben erklärte Frank noch einmal genau den Plan der Klasse.

Sie hatten alle Fakten noch einmal zusammengetragen. Sie wussten, der Erpresser agierte mit Handy und Laptop, das hieß, er war beweglich. Außerdem wusste der Erpresser bislang über jeden Schritt des Bankenmanns Bescheid, schien ihn dauernd zu beobachten und war in der Lage sich in dessen Computer einzuklinken. Folglich empfanden die Schüler es als wahrscheinlich, dass der Erpresser sowohl von Godewinds technischer Anlage im Hotelzimmer als auch von der installierten Unterwasserkamera wusste.

»Was liegt für den Täter also näher, als sich diesen Umstand zunutze zu machen? Noch während er mit dem Boot in die Nähe des Geldes fährt, kann er sich in Godewinds Computer hineinhacken und über dessen Kamera beobachten, ob da unten alles okay ist. Genau wie wir«, erklärte Ben.

Soweit hatte Frank alles verstanden.

Was der Erpresser aber — hoffentlich — wirklich nicht wusste: Er würde nicht das Bild der Geldübergabestelle sehen, sondern in Bens Aquarium auf Langeneß blicken.

»Das war es, was du gestern Nacht mit Herrn Godewind am Telefon besprochen hast?«

Ben lächelte. Die ganze supermoderne Technik sowohl in seinem als auch in dem Hotelzimmer von Herrn Godewind war wirklich vom Feinsten. Und trotzdem waren in diesem Fall die guten alten Telefonzellen Gold wert. Herr Godewind hatte Ben angerufen. In diesem Gespräch hatten sie alles besprochen, was sie über E-Mail verschwiegen.

Herr Godewind hatte für Ben einen mit mehreren Passworten gesicherten Zugang zur Digitalkamera eingerichtet. Davor war ein Filter eingerichtet. Dieser Filter war das Aquarium-Bild. Wer immer von außen herankam, würde keine Veranlassung sehen die Passworte zu knacken, weil er ja dachte, er hätte das Kamerabild von Mallorca bereits auf dem Schirm.

»Eine kluge Tarnung!«, bemerkte Frank anerkennend.

»Es wird noch besser!«, berichtete Ben nicht ganz ohne Stolz bei einer technisch so raffinierten Angelegenheit dabei sein zu können.

»Ich werde den gesamten Ablauf unter Wasser verfolgen können, während der Erpresser nur unser Aquarium betrachten wird — natürlich ohne dass er es weiß. Und solange er auf diese Täuschung hereinfällt, sich also die Bilder aus unserem Zimmer immer wieder herunterlädt, wird ihm die gesamte virtuelle Schulklasse im Datennetz auf den Fersen sein um entweder seine Identität festzustellen oder herauszubekommen, wo er sich aufhält!«

»Eine echte Jagd!«, stellte Frank beeindruckt fest. »Eine Jagd im Internet!«

Genau das hatten sie vor.

Seit Jahren hatte sich Jennifer gewünscht, mal in einem privaten Motorboot übers Meer zu rauschen. Jetzt endlich hatte sich ihr Traum erfüllt, aber sie war darüber überhaupt nicht glücklich. Bedrückt schaute sie auf ein anderes Boot, das etwa hundert Meter vor ihnen fuhr und auf dem Herr Godewind einen Alukoffer zwischen den Beinen hielt.

Jennifers Hände krampften sich um das Gummiband der Taucherbrille, die auf ihrem Schoß ruhte. Ihre dunklen Haare flatterten im Fahrtwind. Sie drehte das Gesicht in den Wind, schloss die Augen und atmete tief durch. Sie dachte an Ben, der so viel Geld von den Bankkonten umgebucht hatte. Wie es ihm jetzt wohl erging? Ob er ebensoviel Angst hatte wie sie? Gerne wäre sie jetzt bei ihm gewesen, hätte diesen ganzen verrückten Urlaub hinter sich gelassen. Alles vergessen, das dumme Rätsel, den erpressten Godewind, das blöde Geld. Doch es half nichts. Irgendwie waren sie in diesen Fall verwickelt worden, ohne es zu wollen. Jetzt mussten sie es auch durchstehen bis zum Ende. Hoffentlich würde alles gut gehen! Sie warf noch einen Blick auf Miriam, die neben ihr saß, und die zwei Freunde von José, die sicherheitshalber mitgekommen waren und ihr im Boot gegenüber saßen. Nach außen hin waren sie nur eine fröhliche Jugendgruppe auf Schnorcheltour.

»Dort ist es!« José drosselte den Motor etwas und drehte weit vom Kurs ab um dem Boot mit dem Geld nicht zu nah zu kommen.

Herr Godewind auf dem ersten Boot erhob sich, hielt eine Hand vor die Stirn wie einen Hutschirm und zeigte mit der anderen auf eine Stelle auf dem Wasser, die sich durch nichts von dem übrigen Meer unterschied. Wenn man allerdings zum Land blickte, sah man, dass der Turm und die Kirche jetzt genau hintereinander lagen. Der Bootsmann stoppte den Motor nun vollends und warf einen Anker ins Wasser.

José fuhr im weiten Bogen um Godewinds Boot herum und stoppte den Motor ebenfalls.

Herr Godewind knotete ein dickes Seil an den Alukoffer und versenkte den Geldcontainer im Meer.

Miriam und Jennifer hatten ihre Taucherbrillen aufgesetzt. Mit erhobenen Daumen zeigten sie sich an, dass sie bereit waren, schoben die Schnorchel durch die Brillengummis, die Mundstücke in den Mund und ließen sich rückwärts vom Bootsrand ins Wasser plumpsen.

Stille.

Nur ein seichtes, dumpfes Rauschen in den Ohren.

Jennifer schwebte an der Wasseroberfläche. Es war immer wieder aufs Neue ein himmlisches Gefühl, in diese andere Welt einzutauchen, die Zauberwelt des Meeres. So oft schwamm man im Meer und ahnte nicht, was sich an vielfältigem, buntem Leben direkt unter einem abspielte.

Ein lustig gestreifter Fisch glotzte Jennifer an, als ob es ihm leid täte, dass das Mädchen im Wasser so eine komische Brille tragen musste. Für einen Moment blieb er regungslos stehen. Ohne dass man vorher einen Ansatz von Bewegung gesehen hätte, schoss er plötzlich unter Jennifer hindurch und war außer Sichtweite. Zwei Quallen dümpelten vorbei. Erleichtert stellte Jennifer fest, dass es sich nicht um Feuerquallen handelte.

Jennifer machte ein paar Schwimmbewegungen, so dass sie sich senkrecht um die eigene Achse drehte und alles um sie herum betrachten konnte. Etwa hundert oder hundertfünfzig Meter entfernt sah sie den Kiel von Godewinds Boot, die Kette, die hinunter zum Anker führte, der sich tief im Sand vergraben hatte. In der Nähe blitzte der Alukoffer im gebrochenen Sonnenlicht. Er war auf einem kleinen Felsen gelandet, unter dem ein paar Seegurken sich auf dem Boden herumlümmelten. Miriam gab Jennifer ein Zeichen. Sie wollte sich etwas näher an das Boot und den Koffer heranwagen. Jennifer hielt das für sehr gefährlich. Möglicherweise würde das den Erpresser abschrecken, er würde die Übergabe für gescheitert erklären und sie würden ihn nie bekommen.

Andererseits: Was war schon dabei, wenn zwei kleine Touristinnen ein wenig durch die Gegend schnorchelten? So locker würde der Täter sicher keine neunzehn Millionen Mark auf dem Meeresgrund herumliegen lassen. Sie fasste sich ein Herz und schwamm hinter Miriam her.

José drehte derweil noch weiter ab. Es sollte so aussehen, als ob die Mädchen sich hatten treiben lassen und so nur zufällig in die Nähe von Godewinds Boot gekommen waren. Josés Freunde sprangen in weiterer Entfernung ins Wasser und spielten Ball. Aber sie waren bereit jederzeit einzugreifen.

»Es funktioniert!«, schrie Ben. »Da sind sie!« Begeistert sprang er von seinem Stuhl auf und hätte Frank beinahe umgeworfen.

Das erste Bild von der digitalen Kamera war geladen. Alles klappte reibungslos. Jetzt sahen Ben und Frank Jennifer und Miriam im Meer tauchen. Das hieß: wie sie drei Minuten zuvor getaucht waren. Denn alle drei Minuten machte die Kamera eine Aufnahme, die dann übers Datennetz zunächst an Godewinds Laptop im Hotel und von dort zu Ben nach Langeneß übertragen wurde.

»Scheint ja alles in Ordnung zu sein«, fand Frank. Auf dem Foto deutete jedenfalls nichts auf eine Gefahr hin.

»Ich hoffe auch sehr, dass es zu keiner Gefahr kommt!«, warf Ben schnell ein. »Hauptsache, unser Plan geht auf und der Erpresser klinkt sich bei Godewind in den Computer ein.«

Blitzschnell stieg Ben aus dem Programm aus, das das Foto geladen hatte, und wechselte ins Chat-Programm. Leider konnte er nicht beide Programme gleichzeitig aufrufen. So musste er um ein Foto zu laden jedesmal den Chat mit seiner Schulklasse beenden und umgekehrt. Zwischen zwei Fotos hatte er jeweils nur maximal drei Minuten zum Chatten.

Ben konnte sein Glück kaum fassen. Kaum befand er

sich in dem Chat-Programm, als ihn Angelika schon euphorisch begrüßte:

<Angelika> Er ist drinnen! Kristian und Matthias haben ihn gerade im Visier! Deshalb fehlen sie hier im Chat.

»Super!«, rief Ben und klatschte fröhlich in die Hände.

Jennifer und Miriam ließen sich ein Stückchen treiben. Jetzt waren sie nur noch rund fünfzig Meter vom Alukoffer entfernt.

Weit und breit war niemand zu sehen. Jennifer blickte auf ihre wasserdichte Uhr. Sechs Uhr zwanzig. Der Erpresser war überfällig. Um diese Zeit leerten sich die Strände allmählich. Die Vollpensionstouristen mussten zusehen, dass sie rechtzeitig zum Abendessen in ihre Hotels kamen. Die anderen verkrümelten sich unter ihre Duschen, benötigten weitere zwei Stunden um sich für den Abend zu schminken, zu fönen, zu cremen und sich ihre ausnahmslos weiße Wäsche über die braunen Körper zu stülpen und dann gegen acht die Restaurants zu übervölkern. Je länger der Erpresser sich Zeit ließ das Geld abzuholen, desto auffälliger wurden Jennifer und Miriam als schnorchelnde Touristen. Um halb sieben schnorchelte hier niemand mehr. Und ab halb neun wurde es bereits dunkel. Aber es tat sich nichts. Kein Boot, kein Taucher, einfach nichts.

»Was macht er?«, fragte Frank aufgeregt. »Was macht der Täter in Godewinds Computer?«

»Keine Ahnung«, gab Ben zu. Sie hatten noch keine neue Meldung von Matthias und Kristian bekommen. »Ich vermute, er wartet zwei bis drei Fotos ab. Er wird ja auch wissen, dass die Fotos nur alle paar Minuten erneuert werden.« Ben drehte sich wie ein Wirbelwind um. »Mist!«, fluchte er. »Wir müssen im Aquarium irgendwas verändern. Sonst bekommt der Täter ja immer exakt das gleiche Bild!«

Daran hatten sie nicht gedacht! Wie konnten sie nun dem Täter weismachen, dass sich irgendetwas auf dem Wasser tat? Denn solange er auf dem Foto kein Boot sehen würde, würde er denken, Godewind würde gar nicht zur Geldübergabe erscheinen!

»Verdammt noch mal! Wir sind aber auch zu bescheuert!«, ärgerte sich Ben.

»Ich hab eine Idee!« Frank schnipste erregt mit den Fingern. »Das Lehrer-Kind!«

Ben erinnerte sich sofort an den kleinen Jungen des Lehrerehepaares, der nie machen durfte, was er wollte. Dessen Lieblingsspielzeug war doch dieses kleine, blaue Plastikboot, mit dem er nie spielen sollte, weil der Vater so ein pädagogisch wertvolles Holzboot für den Kleinen gekauft hatte.

Das war wirklich eine gute Idee. Wenn die digitale Kamera das Boot von unten aufnahm, würde niemand erkennen, dass es nur ein Spielzeugboot war.

»Schon unterwegs!«, rief Frank, sprang auf und sauste zur Tür hinaus.

Ben rief Herrn Godewind auf dem Boot an um ihm mitzuteilen, dass demnächst neue Bilder kommen würden. Gleichzeitig sah er auf seinen Bildschirm, was sich im Chat-Programm tat.

Matthias hatte sich wieder eingeklinkt.

<Matthias> Angebissen! Er hat sich dein Bild heruntergeladen, Ben. Hoffentlich merkt er nichts!

Ben beendete das Gespräch mit Godewind und antwortete sofort, dass sie das Bild jetzt verändern würden.

Plötzlich meldete sich Angelika zu Wort.

<Angelika> Das letzte fehlende Wort im Silbenrätsel heißt übrigens »Kreditinstitut«.
<Torben> Häh? Was soll das, Angelika?
<Matthias> Was nützt uns jetzt das Silbenrätsel, Angelika?
<Angelika> »Kreditinstitut« ist die Antwort auf die Frage nach einer kriminellen Vereinigung. Ist das nicht seltsam? Eine Bank ist doch keine Mafia!
<Ben> Na und?
<Maria> Lasst Angelika doch mal ausreden! Ich habe mir auch schon Gedanken um das Täterprofil gemacht!

Ben stöhnte laut auf. Täterprofil! Diese Mädchen hatten wohl zuviel ferngesehen und kamen sich ungeheuer schlau vor. Als ob es im Moment nichts Wichtigeres gab als über die seelische Verfassung des Erpressers zu orakeln! Ungeduldig tippte er ein:

⇩

195

<Ben> Und was sagt euer »Täterprofil«? :-|
<Angelika> Kreditinstitut = kriminelle Vereinigung? Das heißt, der Typ hatte mal schweren Ärger mit einer Bank!
<Maria> Eulenspiegel? Warum steht der Typ auf Till Eulenspiegel?
<Angelika> Er ist entweder ein arroganter Angeber oder sehr verspielt. Er hält sich für sehr klug. Warum sonst diese ganze Spielerei? Er hätte sich das Geld selbst besorgen können, oder es sich zumindest überweisen lassen.
<Maria> Aber er traut den Banken nicht! Und kennt sich auch nicht aus mit anonymen Konten usw.
<Angelika> Er sitzt auf Mallorca.
<Maria> Er ist ein Technikfreak!

Ben musste sich eingestehen, dass sich aus den Angaben der Mädchen tatsächlich eine Menge über den Erpresser herauslesen ließ. Und manches kam ihm sogar sehr bekannt vor.

<Ben> Augenblick mal!

tippte er ein, wechselte ins Verzeichnis seiner E-Mails und öffnete einen Brief, den Jennifer ihm geschickt hatte. Schnell überflog er die Zeilen. Er las:

... Seine Eltern haben hier vor Jahren mal eine

Kneipe aufgemacht. Aber inzwischen sind sie pleite. Die Banken haben die Kredite gestrichen. Wohnen aber immer noch hier ...

Und an anderer Stelle hieß es:

... Er ist irgendwie komisch. Einerseits so ein kluger Technikfreak, andererseits schüchtern wie ein kleiner Bubi.

Ben konnte kaum glauben, was er da las. Als er Jennifers Brief das erste Mal gesehen hatte, hatte er sich natürlich nicht allzu viel aus der Beschreibung gemacht, aber jetzt erschien Jennifers Einschätzung in einem vollkommen neuen Licht. Wenn das wirklich ...

Schnell gab er seine Beobachtung im Chat bekannt. Noch ehe er einige Meinungen dazu lesen konnte, fuhr er erschrocken herum.

Hinter ihm platzte Frank ins Zimmer. »Hier ist es!«, schrie er und hielt stolz das blaue Plastikboot in der Hand. »Wir haben es nur für eine Stunde. Dann muss ich es zurückbringen.«

»Ich dachte, der Vater wäre froh es loszuwerden, damit endlich mal sein Holzboot zur Geltung kommt«, wunderte sich Ben.

Frank lachte schadenfroh in sich hinein. »Zufälligerweise ist das Holzboot beim ersten Spielen gekentert und versunken. Sagt jedenfalls der Kleine. Sie haben das Ding nicht mal bei Ebbe wiedergefunden.«

Ben grinste vergnügt. »Ja, mit solch pädagogischem Spielzeug erlebt man manchmal wahre Wunder«, feixte er, nahm Frank das Boot aus der Hand und ließ es zu Wasser.

Allmählich wurde es Jennifer zu kühl. Die Wassertemperatur hatte zwar immer noch gute 22 Grad Celsius. Aber sie und Miriam trieben doch schon eine ganze Weile an der Wasseroberfläche. Warum tat sich nichts?
Miriam beschloss noch näher an den Koffer heranzuschwimmen. Sie wusste auch nicht, was das bringen sollte. Aber man hatte schon von den unmöglichsten Sachen gehört. Vielleicht war das Geld gar nicht mehr im Koffer? Vielleicht hatten sie irgendein kleines ferngesteuertes Teil übersehen, welches das Geld abholte oder — ach, was wusste sie denn? Jedenfalls war sie der Meinung, es sei sicherer, den Koffer mal aus der Nähe in Augenschein zu nehmen. Außerdem: Solange sich ohnehin nichts tat, konnte man es sicher wagen. Mit kräftigen Schwimmstößen steuerte sie auf die Stelle zu, an der der Koffer lag.
Jennifer folgte ihr zögernd.

Ben war zufrieden mit dem Ergebnis. Das Boot im Aquarium sah auf dem digitalem Bild täuschend echt aus. Ben überspielte es zu Herrn Godewinds Laptop. Wenn der Erpresser sich das nächste Mal ein Foto herunterlud, würde er das Aquarium mit Boot sehen. Ben war zufrieden mit seiner Arbeit, beendete die Datenübertragung und loggte sich wieder in das laufende Chat-Programm ein. Hier hatte sich inzwischen mächtig etwas getan.
Herr Godewind sah nervös auf seine Armbanduhr. Wes-

halb tat sich dort unten im Wasser nichts? Er gab dem Bootsführer ein Zeichen sich langsam wieder in Bewegung zu setzen. Möglicherweise wollte der Täter abwarten, bis er wieder verschwunden war. Der Bootsführer lichtete den Anker.

Miriam erschrak, als sich direkt neben ihr die schwere Kette bewegte. Konnten die da oben nicht besser aufpassen? Um ein Haar hätte die Kette ihr den rechten Arm aufgeschrammt. Aufgebracht steckte Miriam den Kopf aus dem Wasser, schob sich die Taucherbrille auf den Kopf und fuchtelte wild mit den Armen: »Hey! Passt mal ein bisschen mit eurer Kette auf!«

Der Bootsführer stoppte die Winde abrupt. Herr Godewind nahm wieder seine übliche weiße Gesichtsfarbe an. »Hast du dich verletzt?«, rief er besorgt zu Miriam hinüber.

»Nein!«, schrie Miriam zurück. »Noch nicht! Aber beinahe!« Zu allem Überfluss konnte jetzt ihre ganze Tarnung auffliegen, schoss es ihr durch den Kopf. Bloß weil der Blasse nicht aufpasste!

»Schwimm beiseite, damit wir den Anker lichten können! Wo ist denn eigentlich Jennifer?«

Musste dieser Dummkopf auch noch die Namen durch die Gegend brüllen? Jetzt merkte ja wohl jeder, dass sie zusammengehörten! Aber er hatte Recht. Wo war Jennifer? Miriam drehte sich mehrmals um die eigene Achse. Eben war sie doch noch da gewesen? Sie war kaum zwanzig Meter hinter Miriam hergeschwommen. Jetzt aber war auf der Wasseroberfläche nichts von ihr zu sehen.

»Moment!«, rief Miriam zu Herrn Godewind hinüber, zog

sich schnell wieder die Taucherbrille übers Gesicht und steckte den Kopf unter Wasser. Sie schaute als Erstes zur Ankerkette, die straff bis zum Boden reichte. Dort war von Jennifer nichts zu sehen. Zum Glück! Im ersten Moment hatte Miriam befürchtet, Jennifer hätte sich doch an der Kette verletzt. Aber dazu war sie auch viel zu weit von ihr entfernt gewesen. Vielmehr war Jennifer in unmittelbarer Nähe des Bootes gewesen. Vielleicht war sie auf die andere Seite des Bootes geschwommen? Miriam konnte sie nirgends entdecken. Statt dessen hörte sie plötzlich ein dumpfes Schreien.

Halt erwischt!

\<Angelika> Was sagst du da, Ben? Das wäre ja Wahnsinn!
\<Maria> Aber es stimmt alles! Er ist ein Technikfreak. Und seine Eltern haben Pleite gemacht wegen der Banken ...
\<Matthias> Er wohnt auf Mallorca und zwar genau in Alcudia ...
\<Ben> Ja, alles passt auf Porky. Es würde auch erklären, woher er meinen Namen kannte. Bloß »Eulenspiegel« bleibt noch ein Rätsel.
\<Thomas> Wie hieß denn die Gaststätte von Porkys Eltern?
\<Ben> Keine Ahnung. Was spielt denn das für eine Rolle?
\<Thomas> Wie ihr wisst, sammle ich gern. Auch alte Reiseführer. Ich besitze einen von Mallorca, der ist fünf Jahre alt.
\<Robert> Toll, Thomas. Und was soll das jetzt?
\<Thomas> Nur Geduld, Robert. In dem Reiseführer gibt es eine Kneipe namens »Eulenspiegel«! Zwei Jahre später in einem Reiseführer taucht sie nicht mehr auf.
\<Matthias> Wow! Ich denke, Porky ist unser Mann!
\<Maria> Schöne Scheiße! Damit ist es sicher, dass der Täter alles über Herrn Godewind,

202

Jennifer und Miriam weiß und zwar von ihnen selbst!

Maria hatte Recht! Die ganze Zeit hatte Porky mit Jennifer, Miriam und Herrn Godewind zusammengesessen und alles über ihre Pläne erfahren! Sicher wusste Porky auch, dass Herr Godewind im Moment nicht allein auf dem Meer herumschipperte um das Geld zu übergeben. José stand in der Nähe – und die Mädchen schnorchelten im Wasser herum. Wenn Porky das alles wusste, ließ das nur einen Schluss zu: Er musste dafür sorgen, dass die Mädchen dort verschwanden um an das Geld zu kommen. Jennifer und Miriam waren ihm im Weg!

»Wieso?«, wunderte sich Frank. »Die Mädchen wollten doch aussteigen. Er selbst hat doch durch seine neuen Drohungen dafür gesorgt, dass sie an diesem Fall dranbleiben!«

Damit hatte Frank Recht, grübelte Ben. Was hatte das zu bedeuten? Weshalb wollte Porky, dass die Mädchen bei der Geldübergabe dabei waren?

Er tippte die Frage in den Computer an die anderen.

Angelika hatte eine Idee dazu.

<Angelika> Bei jeder Geldübergabe gibt es das Risiko beobachtet zu werden. Was liegt also näher als ein Ablenkungsmanöver zu initiieren? So würde ich es jedenfalls machen.
<Ben> Und welches Manöver könntest du dir vorstellen?

Hier meldete sich Matthias.

<Matthias> Etwas, was die Aufmerksamkeit ausschließlich auf die Mädchen lenkt. Und keine Alternative zulässt!

Ben stockte der Atem. Wenn Matthias Recht hatte, dann steckten die Mädchen in höchster Gefahr!
»Schnell!«, schrie Ben. »Das Telefon!«
Frank griff zum Zimmertelefon und tippte wild die lange Nummer von Herrn Godewinds Handy. Er war so aufgeregt, dass er sich ständig vertippte und dreimal von vorn anfangen musste. Er ließ es zehnmal klingeln, dann meldete sich der automatische Anrufbeantworter.
»Das kann doch nicht sein!«, rief Ben bestürzt. »Was machen die denn?«

Es dauerte einige Sekunden, bis Miriam begriff, dass die dumpfen Schreie von der Wasseroberfläche kamen. Sie hob den Kopf aus dem Wasser und sah sich um.
 Auf dem Boot erkannte sie Herrn Godewind, der wild gestikulierend seinen Bootsführer anschrie. »Machen sie schon! Dorthin!«
»Geht nicht!«, entgegnete der Bootsführer und zeigte auf den Anker.
Herr Godewind war verzweifelt. Hilflos sah er abwechselnd zur Kette des Ankers und zur anderen Seite des Bootes.
»Was ist?«, schrie Miriam.
»Jennifer!«, rief Herr Godewind zurück und zeigte in die

Richtung hinter das Boot. Auf der Seite konnte Miriam nichts erkennen.

»Geh da weg!«, brüllte Herr Godewind Miriam an. »Sonst können wir den Anker nicht heben!«

Dem Bootsführer wurde es zu dumm. Statt weiterhin da zu stehen und zu lamentieren, riss er sich sein dünnes Hemd vom Leib und sprang mit dem Kopf voran über die Reling.

Miriam schwamm so schnell sie konnte an das Boot heran. Warum um alles in der Welt hatten sie sich keine Schwimmflossen ausgeliehen?

Herr Godewind war völlig außer sich und absolut ratlos. Irritiert sah er seinem Bootsführer hinterher, wandte sich um, betrachtete tatenlos, wie Miriam sich abmühte das Boot zu erreichen und nahm schließlich ängstlich zur Kenntnis, dass er nun allein auf dem Boot war. Fast wie eine Marionette stand er da, wackelte mit dem Kopf und wedelte mit den Armen.

Doch nicht nur Frank war ein guter Sportler. Im Schwimmen machte niemand Miriam so leicht etwas vor. Schnell hatte sie das Boot erreicht und hielt sich an der Bordkante fest.

Herr Godewind sah auf sie herab und rührte sich nicht.

Miriam streckte ihm einen Arm entgegen und fauchte ihn wütend an. »Ihre Hand, verdammt!«

Endlich reagierte Herr Godewind und half Miriam in das Boot.

»Was machen wir denn jetzt?« Ben war verzweifelt. Sie

hatten doch abgesprochen, dass Herr Godewind immer per Handy erreichbar blieb. Was war dort vorgefallen? Die ganze Überwachung mit der digitalen Kamera hatte doch keinen Sinn, wenn Bens Warnrufe ungehört blieben.

Die digitale Kamera! Ben schnappte nach Luft. In der Aufregung hatte er völlig vergessen, sich die letzten Bilder herunterzuladen. Vielleicht konnte man auf ihnen sehen, was dort im fernen Mallorca geschehen war?

Ben war ein geschickter und routinierter Computerbenutzer. Aber so schnell wie jetzt hatte Frank Bens Finger noch nie über die Tastatur huschen sehen. Mit zehn Fingern hackte Ben in einem rasanten Tempo auf den Tasten herum, als ginge es um Leben und Tod. Und vielleicht ging es das ja auch wirklich? Ben sah überhaupt nicht auf seine Finger, sondern starrte — während er die nötigen Befehle eingab — nur auf den Bildschirm. Seine rechte Hand flog zur Maus, brachte den Cursor in die richtige Position. Ein Doppelklick. Wieder eine Tasteneingabe. Mausklick. Zwei Tasten. Cursor verschieben. Mausklick. Taste. Doppelklick. Auf dem Bildschirm erschien eine Sanduhr.

»Mach schon!«, drängelte Ben.

Dieses ewige Warten!

Die Festplatte surrte.

Die Sanduhr verschwand.

Auf dem Bildschirm erschien ein Foto.

Ben sah Jennifer und Miriam von unten an der Wasseroberfläche schwimmen. Im Vordergrund der Metallkoffer mit dem Geld. Jennifer war ein ganzes Stück von Miriam entfernt, die gerade in die Tiefe hinabtauchte.

Der Cursor rutschte unter Bens Anleitung nach oben links.

(DATEI)

Klick.

(DATEI OEFFNEN)

Klick.

(DATEI MARKIEREN)

Klick.

(OK)

Klick.

Ein neues Foto erschien auf dem Bildschirm.
Auf diesem war nur noch Miriam zu sehen, die in Richtung Kamera schaute.
Oder?
»Da!« Frank zeigte mit dem Finger auf einen dunklen Punkt im Hintergrund. »Was ist das denn?«
Ben markierte den Ausschnitt und vergrößerte ihn. Allzu groß ging es nicht, da sonst das Raster zu grob und damit das Bild zu unscharf wurde. Zum Glück hatte er sich wenigstens den größeren Monitor besorgt. Jetzt ließ sich immerhin erkennen, dass im Hintergrund Jennifer schwamm. Neben dem Boot — und ...
»Sieh nur!« Frank war erregt aufgesprungen. »Ein Taucher!«

Tatsächlich. Vom seitlichen Bildrand pirschte sich ein Taucher an Jennifer heran. Kaum zu erkennen, weil er hinter einem Felsen hervorkam. Aber er kam eindeutig auf Jennifer zu. Miriam schien davon nichts zu merken.

»Hast du noch ein Foto?«, fragte Frank.

»Nein!«, antwortete Ben mit einem Kloß im Hals. Seine Hand, die noch immer die Maus umklammerte, begann zu zittern. Was konnte er tun?

»Wir müssen Alarm schlagen!«, schlug Frank aufgeregt vor.

»Wie denn? Bei wem?«

»Weiß ich doch nicht!«, schluchzte Frank verstört. »Ich denke, du bist mit diesem Kasten mit der ganzen Welt verbunden? Kannst du denn niemanden auf Mallorca erreichen, der helfen kann?«

Ben sah Frank einen Moment lang an. Dann packte er ihn mit beiden Händen an den Ohren, zog dessen Kopf zu sich heran und gab seinem besten Freund einen Kuss auf die Stirn.

Dann huschten Bens Finger bereits wieder über die Tastatur.

Frank blieb nur noch verständnisloses Kopfschütteln.

Das Foto verschwand. Das Chat-Programm erschien.

»Natürlich gibt es auf Mallorca nicht nur *ein* Internet-Café«, erklärte Ben, während auf dem Bildschirm schon wieder die bekannten Schulfreunde auftauchten.

In knappen Worten schilderte Ben die Lage, klinkte sich sofort wieder aus, startete ein Suchprogramm und nur wenige Sekunden später tauchten die Adressen von drei weiteren mallorquinischen Internet-Cafés auf.

Ben wählte sich eines aus und begann dramatische Hilferufe in die Welt zu schicken.

»Irgendjemand von denen da draußen wird sicher schnell die Polizei in Alcudia informieren können!«, hoffte Ben.

Auch der Rest der virtuellen Schulklasse tippte eifrig Hilferufe in die Datenwelt hinein.

Miriam schüttelte sich wie ein Hund, der aus dem Regen kam. Dann endlich sah sie, was die Aufregung auf dem Boot ausgelöst hatte. An der Wasseroberfläche, etwa zwanzig oder dreißig Meter vom Boot entfernt, schwamm ein dickes, zuckendes, plätscherndes Knäuel herum. Jennifer war in einem Fischernetz gefangen. Sie zappelte, schrie, keuchte, planschte, spukte, weinte und rang nach Atem. Der Bootsführer war inzwischen an dem Knäuel angekommen und bemühte sich Jennifer zu beruhigen. Solange sie so wild um sich schlug, war jeder Versuch aussichtslos, sie zu befreien.

Miriam sah sich mit aufgerissenen Augen das entsetzliche Geschehen an. Ein einziger Gedanke schoss ihr durch den Kopf: Helfen!

Blitzartig fuhr sie zu Herrn Godewind herum. »Ein Messer!«, rief sie ihm zu.

Herr Godewind stand da wie gelähmt. Er war sichtlich von der Situation überfordert, wusste nicht, was er tun sollte. Miriam hatte keine Zeit für Erklärungen. Sie sprang auf den unbeholfenen Tollpatsch zu, packte ihn am Kragen und schrie ihn an: »Wo ist hier ein Messer?«

»Ich ... ich ...«, stotterte Herr Godewind.

»Wo?«, peitschte Miriam ihm in schneidendem Ton entgegen.

»In der Kiste, glaube ich«, bibberte Herr Godewind.

Miriam sprang herum zu der angezeigten Kiste, riss sie auf, schmiss mit zackigen Bewegungen alles heraus, was sie nicht brauchte. Ein Seil, einige Konserven, ein paar Tassen, Löffel, Gabeln landeten scheppernd vor Godewinds Füßen. Endlich hatte Miriam ein Messer gefunden. Wie ein erfahrener Pirat klemmte sie sich das Messer zwischen die Zähne, nahm Anlauf und sprang in hohem Bogen über die Reling kopfüber ins Wasser.

Herr Godewind blickte ihr gebannt hinterher. Endlich besann er sich, dass auch er sich irgendwie an der Rettung beteiligen könnte. Er schwankte auf die andere Seite des Bootes und begann heftigst mit den Armen zu wedeln um José und seine Freunde zu informieren. Die hatten zwar bisher schon skeptisch herüber geguckt, aber sie wollten nichts ohne ausdrückliche Anweisung unternehmen, aus Angst, sie könnten den Plan zum Scheitern bringen. Von ihrer Position aus konnten sie nicht erkennen, was mittlerweile geschehen war. Jetzt aber starteten sie den Motor und fuhren langsam Herrn Godewind entgegen, der inzwischen die Ankerwinde betätigte.

Miriam schwamm so schnell wie sie noch bei keiner Schulmeisterschaft geschwommen war.

Der Bootsführer war ohne zu überlegen zu Jennifer ins Wasser gesprungen. Er dachte nur daran, Jennifer so schnell wie möglich zu helfen. Aber er hatte nicht an ein Messer gedacht. Jetzt mühte er sich verzweifelt, das Netz mit den bloßen Händen aufzuknoten.

Jennifer begannen die Kräfte zu schwinden. Tapfer kämpfte sie darum, ihren Kopf über Wasser zu halten. Immer wieder aber musste sie Wasser schlucken, zappelte, weinte und keuchte.

Miriam mit dem Messer zwischen den Zähnen kam dem Bootsführer wie gerufen. Sie war noch nicht ganz am Netz angekommen, da nahm er ihr das Messer aus dem Mund und begann mit kräftigen Schnitten das Netz zu zerstören.

Miriam tat das einzig Richtige. Sie holte tief Luft, tauchte direkt unters Netz um die erschöpfte Jennifer von unten ein wenig zu stützen, damit ihr Kopf über Wasser blieb und sie Luft holen konnte.

Natürlich hielt Miriam das nicht lange durch. Sie brauchte zuviel Luft und Kraft um Jennifer zu stützen, so dass sie es nur einen kurzen Moment aushielt.

Aber Jennifer schöpfte neuen Mut, nahm noch einmal all ihre Kraft zusammen um sich selbst in dem widerlichen Netz über Wasser zu halten. Jetzt war der Bootsführer auch schon an sie herangekommen. Dankbar und vollkommen mit den Kräften am Ende sank sie dem breitschultrigen Mann in die Arme. Der drehte sie um, so dass ihr Rücken auf seiner Brust ruhte, das Gesicht weit aus dem Wasser ragte, fasste ihr unter die Arme hindurch und verschränkte seine kräftigen Hände auf ihrem Brustkorb. Rückwärts schwimmend zog er Jennifer zum Boot, das ihnen jetzt tuckernd entgegen kam. Wenigstens das konnte Herr Godewind, ein Motorboot steuern. Doch das war eigentlich ja nichts anderes als ein Auto zu fahren.

Miriam schwamm besorgt hinterher. Hoffentlich waren sie rechtzeitig gekommen. Aber da glaubte Miriam auch schon ein erstes zartes Lächeln auf Jennifers Lippen zu erkennen. Miriam fiel ein riesiger Stein vom Herzen, den man nur nicht plumpsen hörte, weil sie gerade im Wasser schwamm.

Als José sah, was geschehen war, blieb ihm noch nachträglich fast das Herz stehen. Da wäre Jennifer doch beinahe vor seinen Augen ertrunken und er hatte nichts bemerkt!

»Ich habe zwei neue Bilder!«, gab Ben bekannt. Frank hätte sich fast an seinem isotonischen Sportgetränk verschluckt. »Zeig!«, forderte er überflüssigerweise.

Obwohl Ben noch schneller arbeitete als beim vorigen Mal, um die Fotos so schnell wie möglich auf den Bildschirm zu bringen, schien die Wartezeit kein Ende zu nehmen. Unruhig wippte Frank auf seinem Stuhl.

Endlich war etwas zu sehen: Ein Taucher näherte sich dem Alukoffer. Die Mädchen waren nicht auf dem Bild. Auch von José und seinen Freunden war nichts zu erkennen.

»Die haben den doch wohl nicht ungeschoren davon kommen lassen!« Frank konnte es nicht fassen.

Ben lud das zweite Bild. Ungläubig stierten sie auf den Bildschirm. Sie sahen Wasser, den Felsen, ein paar hübsche bunte Fische und — sonst nichts.

Keine Mädchen, kein Boot, keinen Alukoffer mit dem Geld. Keinen Taucher.

»Alle fort!«

»Mitsamt dem Geld!«

Ben nahm noch einmal das Telefon und versuchte erneut, Herrn Godewind zu erreichen. Zu seiner Überraschung klappte es diesmal. Herr Godewind nahm ab.

Frank sah gespannt zu Ben. Wieso sagte der nichts?

Bens Gesicht wurde immer fahler, sein Mund schmaler. Es vergingen wohl mehr als fünf Minuten, so schien es Frank, ehe Ben die ersten Worte über die Lippen brachte. »Kann ich Jennifer sprechen?«, fragte er leise.

Frank schluckte zweimal. Er ahnte, dass etwas Furchtbares passiert war.

»Ich verstehe«, hauchte Ben ins Telefon. Nach einer weiteren Unendlichkeit des Schweigens fügte er noch an: »Das Geld ist übrigens weg«, und erzählte, dass vermutlich niemand anderes als Porky der Täter war.

»Seht mal dort!« Miriam, die über Jennifer gebeugt saß und ihr den Kopf streichelte, sprang auf und guckte, wohin José gezeigt hatte. Vom Hafen her kam ein ungeheuer schnelles Motorboot auf sie zugerast.

»Das ist ein Polizei-Boot!«, wusste José. »Wow! Dort hinten ist noch eines. Und da auch noch. Was ist denn hier los?«

Zwei der Boote drehten allerdings vom Kurs ab. Während das mittlere weiter stur auf sie zu hielt, drosselte das rechte ebenso den Motor wie das linke. Herr Godewind, Miriam, José und dessen Freunde beobachteten, wie aus den beiden äußeren Booten jetzt jeweils fünf oder sechs Froschmänner — also Polizeitaucher — ins Wasser sprangen.

Das mittlere Boot hatte sie nun erreicht. Ein Mann in einem weißen Uniform-Hemd sprang auf Godewinds Boot und forderte die Anwesenden sofort auf zu erzählen, was los sei. José übernahm das so kurz aber präzise wie möglich auf Spanisch. Gebannt beobachteten die anderen den Dialog. Miriam und Herr Godewind verstanden kein Wort. Jennifer auch nicht, aber der war es im Moment auch schnurz. Sie lag in eine warme Decke gehüllt an Deck und hatte die Augen geschlossen. Nur mit halbem Ohr hörte sie hin, was die anderen besprachen.

Endlich wandte sich José an Miriam, lächelte und sagte: »Mir scheint, Ben hat ganze Arbeit geleistet. Die Polizei wurde von zwanzig verschiedenen Stellen aus informiert. Aus allen Teilen Mallorcas kamen die Hilferufe. Und sogar aus Madrid ereilte sie ein Notruf. Ich glaube, Ben hat übers Internet die halbe Weltpolizei alarmiert.«

Jennifer hatte noch immer die Augen geschlossen. Aber ihr Mund schmunzelte. Es war schön zu wissen, dass sie ihren Freund so nah bei sich wusste, obwohl er doch weit über tausend Kilometer entfernt war. Nie wieder wollte sie etwas gegen Computer sagen, nahm sie sich vor — und schlief ein.

Ben hatte sich gerade wieder im Chat-Programm eingeloggt, als sein Telefon klingelte. Diesmal war Miriam dran.

»Tolle Leistung, Ben! Jennifer schläft, aber ihr geht es wohl schon wieder ganz gut.«

»Gott sei Dank!«

<Angelika> Hey, was ist los, Ben?
<Maria> Loggst dich ein und erzählst nichts!

Frank seufzte. Er wollte mit diesem Internet eigentlich nichts zu tun haben. Aber jetzt musste er ran. Er legte sein Ohr dicht an Bens Kopf, so dass er alles mithören konnte. Und tippte es gleichzeitig für die anderen ein. In Kurzform natürlich.

»Sie haben gerade den Erpresser geschnappt«, berichtete Miriam. »Hat gerade der Oberpolizist hier per Funk erfahren. Ging ja echt schnell. Moment mal.«

Was war denn jetzt schon wieder los? Wieso sprach Miriam nicht weiter.

»Das ist ja ein Ding!«, hörten Ben und Frank von der Ferne.

<Matthias> Haaaalllloooo. Funkstille?

Frank erklärte den Grund für die Pause.

»Kein Geld gefunden?«, hörten Ben und Frank durch den Hörer. »Auch keinen Koffer? Das gibt es doch nicht!«

Jetzt kam wieder Miriam an den Hörer. »Stellt euch vor«, rief sie, aber Ben unterbrach: »Wir haben alles mitbekommen.«

Er sah Frank an und der tippte:

<Ben> (Frank war ja unter Ben eingeloggt.)
Porky muss das Geld versteckt haben. Sie
haben nichts bei ihm gefunden!
<Kristian> Bleibt unbedingt dran!

Es folgte — nichts.

Auf dem Bildschirm tat sich eine Weile nichts. Alle warteten.

Am Telefon nichts. Auch Miriam wartete.

Nach einer Weile meldete sie, dass die Polizei wieder abgefahren sei und sie alle morgen Mittag im Polizeirevier erscheinen müssten — zur Aussage.

Plötzlich flackerte wieder etwas auf dem Bildschirm

<Kristian> Wir haben das Geld!

Ben blickte auf den Bildschirm, als würden dort zwei Aliens mit Jennifer Tango tanzen. Hatte Kristian sich nur verschrieben oder was sollte der Blödsinn? Das fragte sich nicht nur Ben. Alle Teilnehmer hackten wie die Wilden auf ihrer Tastatur und bombardierten ihren Mitschüler mit Fragen. Das war der Nachteil beim Chatten: Man konnte die Reaktionen der Gesprächsteilnehmer nicht sehen und deshalb auch nur schlecht einschätzen. Machte einer einen Witz oder meinte er es ernst?

\<Kristian\> Nicht nur du hast Freunde auf Mallorca, Ben.

Kristian meinte es offenbar tatsächlich ernst.

\<Kristian\> Freunde unserer Familie — mit Internet-Anschluss!! — haben einen Bekannten beim Mallorca-Magazin.

»Das ist eine deutschsprachige Zeitung auf Mallorca«, erklärte Ben Frank. Jennifer hatte ihm davon berichtet.

\<Kristian\> Der hat sofort alle Hebel in Bewegung gesetzt. Die haben natürlich so ihre Informanten. Sofort meldete sich einer, der einen Taucher am Strand gesehen hat.

Nun sind Taucher am Strand nichts Ungewöhnliches, berichtete Kristian weiter. Solange sie mit Harpune, Fischen, Schnorchel oder ähnlichen Sportgeräten aus dem Schlauchboot steigen. Dieser aber trug einen Koffer in der einen und einen Laptop in der anderen Hand. Das genügte dem Freizeitreporter der Zeitung um den Typen im Auge zu behalten.

<Ben> Ja, und weiter? Wo ist das Geld jetzt?
<Kristian> Langsam, langsam. Er hat es versteckt.
<Ben> Wo?

Weit konnte Porky ja mit dem Geld nicht gekommen sein, dafür wurde er zu schnell gefasst — ohne Geld. Das hatte er zu dem Zeitpunkt bereits versteckt.

<Kristian> Da kommst du nie drauf!

Jetzt wurde es allen zu bunt. Die gesamte Schulklasse meldete sich im Chat zu Wort:

<Angelika> Erzähl's endlich!
<Matthias> Himmel, komm in die Hufe!
<Maria> Sag's!!!!!!!!!!!!!!!!!!!
<Torben> Mach es nicht so spannend!
<Robert> Herrjeh!

Nur Thomas, der Sammler, fand natürlich wieder Gefallen an dem Spielchen.

<Thomas> Wetten doch? Lass mir etwas Zeit.

Ben fasste sich an den Kopf. War der verrückt geworden?

<Ben> Thomas!

rief er seinen Freund zur Ordnung.

\<Thomas\> Schon gut.

Endlich rückte Kristian mit dem Geheimnis heraus.

\<Kristian\> In einer Eistruhe!!! Am Strand steht ein jugendlicher Eisverkäufer. Dem hat Porky einen Tausender in die Hand gedrückt, damit er Koffer und Laptop für einige Stunden in der Truhe aufbewahrt.

Unglaublich! fand Ben. Dort hätte wohl wirklich niemand gesucht, wenn es dem Hobbyreporter der Zeitung nicht aufgefallen wäre.

Das Geld war also wieder da, Porky gefasst und damit wäre es wohl nur eine Frage der Zeit, bis die Polizei herausbekam, wo sich Porkys erste Million befand.

Es musste ein schöner Schock für Miriam gewesen sein, dass das ganze Verbrechen, ihre nächtliche Bedrohung auf dem Zeltplatz und der lebensgefährliche Angriff auf Jennifer ausgerechnet von ihrem Cousin zu verantworten war, überlegte Ben.

Aber seine Verwandten konnte man sich eben nicht aussuchen.

Erleichtert lehnte er sich zurück. Da tauchte auf dem Bildschirm plötzlich ein eigenartiger Schriftzug auf:

\<Krützfeld\> Hier steckt ihr also immer statt im virtuellen Unterricht!

»Die Krützdoof!«, rief Ben. Frank sah verdutzt zum Computer. Frau Krützfeld, ehemals Krützfeld-Loderdorf, gehörte zu den Lehrkräften, die das Projekt virtueller Unterricht mit vorbereitet und organisiert hatten. Nachdem schon lange niemand mehr von den Schülern in den Videokonferenzen erschienen war, hatten sich die Projektleiter auf die Suche nach ihren Schützlingen gemacht. Irgendjemand musste geplaudert haben, wo sie zu finden waren.

<Krützfeld> Ich bin tief enttäuscht, dass ihr die Gelegenheit nicht nutzt, euch mal ein wenig mit den neuen Medien und ihren Möglichkeiten zu beschäftigen. Ich meine, ernsthaft zu beschäftigen statt hier herumzuspielen.

»Die Krützdoof lebt mal wieder hinterm Mond«, kommentierte Frank.

Eine halbe Stunde später fanden sich die Schüler wieder im virtuellen Unterricht ein und stellten fest, dass die öden Rätsel ausgetauscht wurden gegen ein Detektivspiel.

»Wir dachten uns«, lautete die Begründung der Pädagogen, »Kinder begeben sich hin und wieder gern mal in die Fantasiewelt der Kriminalität.«

Ben seufzte. »Hin und wieder«, wiederholte er lakonisch.

Im Spiel sollte man einen Bonbonräuber überführen.

»Oh je«, lachte Ben lauthals los. »Einen Bonbonräuber! Wenn das man nicht zu gefährlich wird.«

Anhang

Kleines Computer- und Internet-Lexikon

ANSI-Bombe   So ziemlich das Schlimmste, was einem Computer passieren kann. »ANSI.sys« ist der Name einer Datei, die in jedem DOS-Betriebssystem vorkommt. Unter anderem ist diese Datei für die farbige Schrift im DOS-Modus zuständig. Aber mit entsprechender Programmierkenntnis kann man dieser Datei noch einige zusätzliche Funktionen untermogeln. So zum Beispiel einen Befehl, der eine neue Programmzeile in die Startdatei schreibt, wenn man zum Beispiel die Taste »A« drückt. Startet man später den Rechner neu, zerstört die Programmzeile sämtliche Daten und Programme im Computer.

Browser   Programm, welches den Zugang ins Internet ermöglicht und mit dem man folglich Internet-Seiten lesen kann.

Chat — Live-Unterhaltung im Internet. Was du in deinen Computer tippst, können deine Gesprächsteilnehmer sofort lesen. Und umgekehrt.

Smileys — auch emoticons genannt, Hilfszeichen um Gefühle oder Zusatzinformationen auszudrücken. Man muss sie um 90 Grad nach rechts drehen, um ihre Bedeutung zu erkennen. Beispiel: Drehe dieses smiley und du erkennst zwei Augen, eine Nase, einen lachenden Mund. :-)

Entsprechend:
- :-(traurig
- ;-) verschmitztes Blinzeln
- 8-) Brillenträger
- :-x Küsschen
- (-: Linkshänder
- :-o erstaunt
- :-I genervt, gelangweilt

Internet — weltweites Datennetz, das niemandem gehört und von niemandem verwaltet wird. Jeder kann dort Daten ablegen. Ursprünglich mal erfunden worden um geheime, militärische Forschungsergebnisse zwischen verschiedenen Instituten austauschen zu können.

Link Verzweigung. Farbige oder unterstrichene Worte auf Internet-Seiten. Wenn man sie anklickt, gelangt man zu einer anderen Seite.

Modem Kleines piepsendes Gerät, das zwischen Computer und Telefonleitung geschaltet wird. Wandelt Daten in elektrische Impulse um, schickt sie durch die Leitung. Beim Empfänger verwandelt ein zweites Modem die Impulse wieder in Daten und macht sie für den Empfänger-Computer lesbar.

Online Verbindung des Computers über die Telefonleitung mit anderen Computern hergestellt.

Offline Keine Verbindung.

Laptop kleiner tragbarer Computer, bei Apple heißt er Powerbook.

Suchmaschine Hilfsprogramm um nach Stichworten bestimmte Inhalte im Internet finden zu können.

Andreas Schlüter
KURIERDIENST RATTENZAHN
DIE ROLLSCHUHRÄUBER
Titelillustration von Karoline Kehr

Aus einem spontanen Botendienst entwickeln die Rattenzähne ein schnell florierendes Kurierunternehmen mit Firmensignet, Maskottchen und allem, was dazu gehört. Mit von der Partie sind Tina, Tasse, Mischa, Lars und Watson, eine Kapuzinerratte, die unter Tinas T-Shirt Wohnung und Heimat hat. Die Rattenzähne geraten ins Visier jugendlicher Handtaschenräuber. Angesagt sind nun höchster Einsatz, Mut und nicht zuletzt Watsons wieselflinke Fähigkeiten im Ablenken, Erschrecken und Nagen.

Ab 11 Jahre
182 Seiten
DM/sFr 22,--/öS 163,-
ISBN 3-357-00790-8

Andreas Schlüter
KURIERDIENST RATTENZAHN
EIN TEUFELSBRATEN
Titelillustration von Karoline Kehr

Der Kurierdienst Rattenzahn floriert. Vor allem die regelmäßige Belieferung eines Labors hält die vier Kuriere auf Trab. Trotzdem entgehen ihnen die kleinen Schrecken am Rande nicht. Da verschwinden zum Beispiel auffällig viele Tiere in der Nachbarschaft. Wer steckt dahinter? Sind sie Opfer von brutalen Tierversuchen geworden oder hat hier ein Bund von satanischen Spinnern seine schwarzen Künste im Spiel?

Ab 10 Jahre
176 Seiten
DM 22,-/sFr 20,-/öS161,-
ISBN 3-357-oo753-3

Andreas Schlüter

ACHTUNG, ZEITFALLE!

Illustriert von Karoline Kehr

Farbenprächtig und geheimnisvoll tut sich für Ben und seine Freunde eine Scheinwelt auf – das Florenz des sechzehnten Jahrhunderts. Die vier werden Augenzeugen eines überwältigenden Spektakels. Ein Gala-Calcio, ein traditionelles Fußballspiel, findet statt. Von der fantastischen Szenerie aus dem Computer verführt und bedroht zugleich, stehen die Kids nun vor der Aufgabe, den Weg zurück in die reale Welt zu finden und zu enträtseln, wer hinter dieser grandiosen Inszenierung steckt.

Ab 10 Jahre · Schwarzweiß
illustriert, 240 Seiten,
DM/sFr 22,-/öS 163,-
ISBN 3-357-00715-0

Andreas Schlüter

LEVEL 4 –
DIE STADT DER KINDER

Titelillustration von Karoline Kehr

Die Stadt der Kinder ist für den dreizehnjährigen Computerfreak Ben das Spiel aller Spiele. Bei einem seiner unzähligen Versuche, die letzte Spielebene zu erreichen, verschwinden durch einen Fehler im Programm alle Erwachsenen – nicht nur im Spiel, sondern auch in Wirklichkeit. Atemberaubend spannend beschreibt der Autor, wie die Kinder sich erfolgreich organisieren. Nach den Regeln des Computerspiels müssen so viele Kinder wie möglich dabei mitmachen. Gemeinsam werden sie mit dem tyrannischen Kolja fertig und erzielen dadurch einen enormen Punktgewinn.

Ab 10 Jahre, 240 Seiten
DM/sFr 22,-/öS 172,-
ISBN 3-357-00797-5